本书系国家社会科学基金一般项目（18BGL097）的研究成果。

感谢杭州市哲学社会科学重点研究基地（数字化转型与社会责任管理研究中心、浙大城市学院商学院工商管理学科）的出版资助。

RISKS AND MANAGEMENT OF
CORPORATE SOCIAL RESPONSIBILITY FROM
THE PERSPECTIVE OF INTERNET PLATFORMS

互联网平台视角下的企业社会责任风险及其管理

沈奇泰松　著

ZHEJIANG UNIVERSITY PRESS
浙江大学出版社
·杭州·

图书在版编目（CIP）数据

互联网平台视角下的企业社会责任风险及其管理 /
沈奇泰松著. -- 杭州：浙江大学出版社，2024.10.
ISBN 978-7-308-25527-1

Ⅰ. F279.2

中国国家版本馆 CIP 数据核字第 2024EQ2865 号

互联网平台视角下的企业社会责任风险及其管理

沈奇泰松　著

责任编辑	陈思佳（chensijia_ruc@163.com）
责任校对	郝　娇
封面设计	雷建军
出版发行	浙江大学出版社
	（杭州市天目山路 148 号　邮政编码 310007）
	（网址：http://www.zjupress.com）
排　　版	浙江大千时代文化传媒有限公司
印　　刷	广东虎彩云印刷有限公司绍兴分公司
开　　本	710mm×1000mm　1/16
印　　张	13.5
字　　数	169 千
版 印 次	2024 年 10 月第 1 版　2024 年 10 月第 1 次印刷
书　　号	ISBN 978-7-308-25527-1
定　　价	68.00 元

序　言

近年来,基于双边市场理论的互联网平台企业在创新创业背景下迅速发展,成为企业家热衷的商业模式。然而,其社会责任风险也在不断累积并时有爆发,给社会的和谐稳定及平台的可持续发展带来了重大冲击。与此同时,相关平台企业也成为众矢之的,遭受了来自资本市场、消费市场、合作伙伴和监管机构的重重压力。事实上,中央高度重视互联网企业的社会责任问题,习近平总书记更是在网络安全和信息化工作座谈会上对此做过专门论述。① 特别是 2020 年 7 月,习近平总书记在企业家座谈会上专门提出,"任何企业存在于社会之中,都是社会的企业。社会是企业家施展才华的舞台。只有真诚回报社会、切实履行社会责任的企业家,才能真正得到社会认可,才是符合时代要求的企业家"②。但从实际案例和研究现状来看,相关问题仍然存在较大探索空间。因此,学术界迫切需要思考以下系列问题:互联网平台企业的社会责任风险的典型特征是什么? 它的问题根源和发生机制是什么? 这些责任风险将产生怎样的后果,应该如何防控这些风险?

---

① 习近平:在网络安全和信息化工作座谈会上的讲话[N].人民日报,2016-04-26(02).
② 习近平在企业家座谈会上的讲话[N].人民日报,2020-07-22(02).

本书按照"问题界定与质性阐释—系统评估与量化分析—双重情境下的形成机制解析—平台视角下履责模式及潜在影响讨论—政府视角下治理策略及行动逻辑探索"的逻辑,综合探索式案例、扎根理论、模糊集定性比较分析、事件研究和经济计量等方法,开展了一系列研究工作。在此,我对本书的部分研究结论和代表性观点进行简要阐述。

第一,互联网平台企业的社会责任问题,已从初露端倪演化为全民关注。它是指互联网平台企业未充分认知或有效承担社会责任,而带来的"自身及利益相关方的权益受到侵害,其经营受到不利影响"的可能性,包括产品责任与客户权益保护、供应链审核与平台管理、数据安全与隐私保护、诚信运营与公平竞争、员工权益保障、资源节约与环境保护和社区与公益七个维度。互联网平台企业社会责任管理缺陷的存在,将提高其发展的不确定性。

第二,以往研究所关注的资源依赖、制度基础、知识基础、行业竞争环境以及公司治理等视角或因素都有重要影响,但并无必然发挥作用的特定条件。应该更多关注知识基础、所有权结构以及行业竞争压力等较为隐性的企业社会责任关联因素。上述因素协同作用下的资源经验助推、长期导向引领和创新优势应用,是平台经济环境下的关键机制,且上述机制在社会责任总体风险和分维度情境中有较强的一致性。

第三,互联网平台企业已开始积极行动,主动评估自身的社会责任风险,利用自身的文化基因、资源基础、技术优势和商业模式,创造性地实施社会责任战略,可以归纳出支持式、自省式、引领式和响应式四种履责模式。在社会公众和利益相关方普遍认识到新冠疫情的危险性和疫情防控重要性的市场环境中(例如中国资本市场),互联网平台企业更为积极、有力的社会责任捐赠,对市场价值具有更大的正向影响,而上述情形,在美国资本市场上却完全不同。

第四,政府主管部门和有关企业,可以从制定战略规划和评估体系、优化信息披露制度、建立跨部门协同监管机制、基于大数据实现常态化管理、推动行业共治、加强专业培训、完善激励机制和舆论引导等七个方面开展行动。要重视地方政府的行动逻辑,关注外部环境激发型、政府条件完备型、内外因素耦合型以及创新持续涌现型等企业社会责任承担的促发类型。

本书是我承担的国家社科基金一般项目的研究成果,综合了企业社会责任、平台战略与治理两大领域,是围绕互联网创业创新中的热现象,以社会责任风险为切入点进行的冷思考。尽管始终紧扣新时期商业组织和企业管理的两个关键问题,即技术和创新的影响以及企业的责任和使命,但囿于研究能力,在案例剖析及讨论的深入性、理论框架探索的创新性、数据挖掘的深入性以及样本选择的扩展性等方面还存在进一步提升的空间,期望各位专家学者和业界人士批评指正。我将秉承"以负责任的研究,助推负责任的商业"的理念,进一步加强理论和实证探索,以期尽快弥补上述缺憾,争取更好的成果。

最后也是最重要的,我要向为课题的完成、为本书的出版提供助力的来自政府、企业、高校和社会组织的专家学者与业界朋友,向一起完成相关研究的课题组成员,向我这几年所带的非常优秀的研究生、本科生,表示最真挚的感谢!没有你们极富洞见的意见建议,没有你们各种形式的支持帮助,本书难有付梓的可能。我们在工作中结下的情谊,将历久弥新!

沈奇泰松

2024 年 6 月

于浙大城市学院科教大楼

目　录

第一章 引 言

一、研究背景

（一）现实背景

近年来，基于双边市场理论（Rochet & Tirole,2006）的互联网平台企业在创新创业背景下迅速发展，成为企业家和创业者热衷的商业模式（万兴和杨晶,2017）。然而，在投资者和创业者热捧的同时，其社会责任风险也在不断累积并时有爆发，给社会的和谐稳定及互联网平台的可持续发展带来了重大冲击。与此同时，相关平台企业也成为众矢之的，遭受了来自资本市场、消费市场、合作伙伴和监管机构的重重压力。可以认为，互联网平台企业既是创新创业的汇聚点，也成了责任风险的高发地。事实上，中央高度重视互联网平台企业的社会责任问题，习近平总书记更是在网络安全和信息化工作座谈会上对此做过专门论述。[①] 但从现实案例、研究现状和政策实际来看,相关问题仍然存在较大探索空间,呈现出"平台数量不断增加,平台模式日益更新,但与之相匹配的责任管理和风险控制的研究成果严重不足"的现实困境。因此,学术界迫切需要思考以下系列问题:与普通企业相比,互联网平台企业社会责任风险的典型特征是什么? 它的问题根源和发生机制是什么? 应该如何从多个路径出发,防控这些风险?

(二)理论背景

1. 基于互联网平台性质和作用的背景分析

随着网络技术的进步和商业模式的演化,学术界对于互联网产业平台的根本属性和模式特征的研究逐渐加深(程贵孙等,2006;Van Alstyne et al.,2016),甚至有望基于此进一步创新企业战略理论和产业组织理论(李海舰,2014;罗珉,2015)。例如,有的学者从理论演化视角出发,认为其发源于双边市场模式(Rochet,2006),体现了网络外部性、交易非对称性(Armstrong,2006)和模块化技术构架(Gawer,2009)的特征。有的学者从理论对比视角指出,互联网产业平台跳出了以纵向一体化为基础的交易成本经济学和以结构洞为范例的社会网体系,可以激发并最大化聚合社会资源(Cohen & Kietzmann,2014;江小娟,2017),挖掘海量用户的规模化需求,形成了共享经济生态。因此许多学者认为,互联网平台企业是创新驱动战略的重要实践者,对推动产业升级,第二、三产业联动以及两化融合具有重要意义(罗珉,2015;陈威如,2013)。此外,基于多中心治理及元监管理论,许多学者关注到互联网平台企业个体角色与社区领导者角色合一的属性(魏江等,2021),开始探索"以网管网""平台自治"等发挥企业监管效

能的模式与路径(刘鹏,2021;江小涓和黄颖轩,2021)。

然而,现有相关研究存在两个潜在不足:一是侧重海量用户、跨边效应等平台化特征带来的显性经济价值,对伦理视角(周祖城,2014)的关注不足,忽视了"业务去中心化背后的责任再中心化"这一隐含矛盾;二是已有的平台治理理论较多停留在控制权获取和协调机制完善等内部问题上(Gawer,2009),对幂律分布规则下平台外部的伦理性和衍生性风险探索不足。学术界亟待在相关前瞻性研究(肖红军,2017)基础上开展案例归纳和定量分析。

2. 基于企业社会责任对企业影响的背景分析

企业社会责任(CSR)是指公司在追求股东利益的同时,要关注和回应受其经营决策影响的利益相关方的诉求,履行法律、伦理和慈善等维度的义务与责任(Carroll,1979;陈宏辉和王江艳,2009)。在企业社会责任驱动因素方面,学术界主要有战略性因素(Porter & Kramer,2002)、制度性因素(Campbell,2007)和文化性因素(Galbreath,2010)三种解释。受上述驱动因素的影响,与上述机制相联系,学术界关于企业社会责任对企业经济绩效的影响缺乏统一的结论(Barnett & Salomon,2012;权小锋等,2015)。大部分学者认为,企业社会责任正向影响企业财务绩效(沈洪涛等,2011),但也有个别新古典主义经济学家认为,企业社会责任将增加企业的直接成本,减少股东的收益。当然,无论持哪种观点,学者们都将缺失社会责任作为企业的一种重要风险,并加以关注(Story & Price,2006;张海心等,2015)。例如,Cotrill(1990)认为不同行业的企业社会责任风险侧重点不同,买生等(2012)则进一步提出企业社会责任风险将给企业带来损失,必须构建一体化的管理体系。

我们认为,在上述成果的基础上,相关研究还有进一步探索的空间。例如:①学者们大多认为,企业规模与企业社会责任正相关,小企业的社会责任是现实中的短板(张慧玉和尹珏林,2011),然而在互联网背景下,却出现了"规模越大,风险累积和爆发的负面效应越明显"以及"技术秩序下大型平台大而管不了"(江小涓和黄颖轩,2021)等现象;②已有研究普遍假设,对同一企业而言,利益相关者的重要性相对固定,可以用同心圆思想进行划分。然而在平台战略情境下,原有的结论正在被颠覆,企业社会责任的风险源表现得更为随机(熊艳等,2011;田利辉和王可第,2017),跳出了以往的风险概率分布,令企业防不胜防。因此,有效区分网络平台和普通企业的企业社会责任风险根源、履责要求及其对企业的潜在影响变得十分紧迫。

3. 基于社会责任风险回应和治理的背景分析

随着公众对企业社会责任关注度的不断提升(黄敏学等,2008),预测和回应利益相关者诉求(Liu et al.,2015)、系统规划和管控社会责任已成为企业风险管理的核心问题(易开刚,2012;吉利等,2013)。在这方面,学术界走过了一条从理论思辨到操作框架提炼的演变路径。Carroll(1979)在 Wilson(1975)提出的"消极—防卫—适应—预防"战略的基础上进行了探索,构建了社会责任绩效体系;之后,Wood(1991)进一步将其发展为原则、过程、结果三个层面。在此基础上,研究者构建了战略性社会责任理论,试图实现对企业的前瞻性指导。例如:Burke & Logsdon(1996)主张基于中心性、专用性、前瞻性、自愿性和可见性五个特征来识别和界定战略性企业社会责任;Bhattacharyya(2010)进一步提出了"意图层—核心层—保障层—运营层"的治理策略。

我们认为,虽然上述研究已经做了有益探索,但仍存在进一步优化的空间。以下问题,都值得学术界进一步思考:①企业内嵌于制度和技术环境之中,在双边理论范式引导下,企业社会责任风险的应对机制如何实现从企业内部管理向社会协同共治的转变(Mayer,2017;

肖红军,2017)？其内在维度和行为模式又是什么(晁罡等,2017)？②在以虚拟经济和线上线下联动为典型特征的新型产业环境下,平台企业的责任风险应该如何有效识别和预防(汪旭晖和张其林,2017)？③如何探索利用"互联网＋"的技术嵌入和规则设计,以实现平台企业社会责任的治理变革？④在互联网平台网络效应不断扩大的趋势下,如何进一步优化制度体系,以适应和引领平台成长？

二、研究意义

本书有助于拓展"互联网＋"和平台战略的社会责任理论,加深学术界对企业社会责任风险的发生机制、典型特征、演化路径及防控体系的认知,为构建平台化利益相关者管理模式贡献中国经验。同时,本书还有助于加强学术界对平台连接和交互多样性导致经营不确定性这一规律的认知,进一步优化风险认知和风险防控等平台治理策略,实现创业伦理、互联网治理和商业模式等领域的协同思考,凸显伦理意识和履责能力在创业可持续性及创新质量中的积极作用。

本书有助于互联网平台企业增强忧患意识和自省能力,及时发现潜在问题和应对新型挑战,推动其在利益和责任、数量和质量以及眼前和未来等多个维度协调发展,提高行业的可持续发展水平。此外,在企业高质量发展和规范有序发展的背景下,本书还将帮助政府在互联网平台的创业新领域中完善治理体系和监管措施,进一步出台有前瞻性和科学性的政策,从而减少相关主体的失范和越轨行为,预防突发性社会责任公众事件的发生。

三、研究的总体设计

(一)研究对象和重点

本书将从互联网平台企业暴露出的商业伦理和社会责任困境出发,以互联网平台企业的社会责任风险为研究对象,利用案例研究、定性比较分析、质性归纳和定量分析等手段,开展问题界定、特征总结、原因探析和模式总结等工作,以期在明晰互联网平台模式下企业社会责任风险的形成机制的同时,提出具有针对性和可操作性的内外部协同防控策略。

总体而言,本书将总结平台战略和互联网架构下企业社会责任风险的基本概念和典型特征,寻找其与已有相关问题的差异性,构建互联网平台企业社会责任风险形成机制的理论模型;按照"定性—定量"范式,探索基于理论演绎和科学测量的企业社会责任风险影响因素及影响效应;综合政府、行业和企业等维度,提出互联网平台企业社会责任风险的系统性防控策略。

在具体实施过程中,我们将着重关注两个难点:第一,互联网平台企业社会责任风险具有问题新兴、学科交叉、对象有限的特点,如何获取充足的有价值的研究资料,从而形成具有区分度和解释力的研究结论;第二,如何将理论问题和研究结论与具体管控策略相结合,并提出具有可操作性的治理对策。

(二)关键概念界定

为了提升本书研究的专业性、系统性和可操作性,进而促进学术对话,我们首先对本书涉及的两大概念——互联网平台企业和互联网平台企业社会责任风险进行梳理和界定。

对于互联网平台企业,我们立足于本书第一章的已有文献梳理工作,在借鉴程贵孙等(2006)、万兴和杨晶(2017)的界定方式以及Adner(2017)和Jacobides et al. (2018)的理论架构的基础上,将其定义为:利用互联网或移动互联网连接双边或者多边市场,形成资源、技术、市场互补效应,并以此结构为基础获取并占有价值的生态化商业组织。

对于互联网平台企业社会责任风险,考虑到相关研究鲜有明确定义,我们采用以基本含义和核心逻辑为基础的情境嵌套思路进行界定。王清刚(2012)指出,企业社会责任管理要突出风险导向,应从战略管理、日常经营管理、作业管理三个方面建立管理系统;王茂祥和李东(2013)则设计了社会责任风险测量方法,特别强调了风险水平和损失度;在此基础上,李明和管威(2017)进一步提出了"企业社会责任风险表现为一种可能性(风险概率)或基于可能性下的潜在损失程度"的观点。综合上述研究,我们认为,互联网平台企业社会责任风险是指:互联网平台企业未充分认知或有效承担社会责任,从而存在"自身及利益相关方的权益受到侵害,其经营受到不利影响"的可能性。也就是说,互联网平台企业社会责任管理存在的缺陷,将极大地增强其发展的不确定性。

(三)基本观点和潜在创新点

本书认为,互联网平台企业社会责任风险的频发有其客观必然性:首先,互联网平台汇聚海量信息,而数字技术嵌入传统经济过程催生了许多新型社会责任问题,导致合法性维持成本较高(魏江等,2021;Garud et al. , 2022)。其次,互联网平台"流量为王"的特征既提升了其商业成功的可能性,也将自身放在了万众瞩目的聚光灯下,增大了问题被指数级放大的概率。此外,创业者伦理导向的缺失和管控能力的不足,增加了企业社会责任风险发生的可能性。相比传统企业,互联网平台企业对社会责任风险的影响更为敏感。在需求方规模经济替代供给方规模经济的背景下,社会责任风险对互联网平台企业的影响相比传统企业更剧烈、更迅速,社会责任回应的及时性、透明度和实质性成为关键。与此同时,互联网平台的社会责任边界在实践中存在争议:它们是否应该承受如此大的压力,是否存在可辨识受难者效果(identifiable victim effect),能否享受工具中立主义原则?因此,加强权利和义务平衡中的规则设计与动态协调应是下一步的研究重点。最后,互联网平台的责任风险问题并不是仅依靠其自身就可以解决的,作为新兴战略构架和商业形态,网络平台内嵌于监管制度和产业情境,其企业社会责任风险问题涉及法律、技术、资本和心理等多个层面,除其自身改进外,相关问题的解决还有赖于制度环境、行业共识和社会偏好的同步优化。

本书综合企业社会责任和平台战略与治理两大领域,围绕互联网创业创新中的"热现象",以企业社会责任风险为切入点进行"冷思考",具有一定的创新性和前瞻性。本书体现的交叉协同的特色,既有助于推动学术思想和观点的创新,也将彰显对行业可持续发展和政府科学施政的意义:一是在企业社会责任和利益相关者理论中融入"互联网＋"和平台战略新情境,深入探讨在新环境中拓展原有结论的路径及机理。二是在平台战略和治理研究中凸显容易被忽略的伦理问题与责任风险,有助于在既有研究中注入经归纳和检验的新规律。此外,在具体研究过程中,本书遵循"问题从现实中提取、理论在实践中验证、方法为问题服务、结论能推进创新"的原则(白长虹,2017),以现实问题的"发现—解析—应对"为思路,融合社会责任、战略管理、风险防控和商业模式等主题,展示拓展研究视角和创新研究过程的特色。

(四)具体思路和内容安排

我们按照互联网平台企业社会责任风险"问题界定与质性阐释—系统评估与量化分析—双重情境形成机制解析—平台视角防控模式及潜在影响探索—政府视角治理策略及行动机制梳理"的逻辑,按照定性定量相结合的思路,综合探索式案例、扎根理论、定性比较分析、事件研究和经济计量等研究方法,开展一系列具有一定创新性的研究工作,试图回答"互联网平台企业的社会责任风险是什么、怎么样、从何而来、如何管控"等与当前经济社会联系紧密,事关平台经济可持续发展的关键问题。

我们认为,互联网平台企业的社会责任问题,已经从初露端倪演化为全民关注;平台经济的演化和新兴问题的产生,为社科研究学者提供了难得的视角和机遇。因此,我们在学术研究的过程中,始终坚持立足新发展阶段、贯彻新发展理念、以发展和规范并重的原则,分析平台经济的持续创新议题以及互联网平台企业的社会责任风险问题,从而为企业社会责任理论在平台经济和平台化利益相关者关系中的创新做出潜在贡献,同时为互联网平台企业和平台经济的高质量发展提供理论支撑。

综合本书的预期设计以及实际研究情况,按照五章的计划展开。第一章为"引言",包含三部分,主要阐述研究背景和总体思路,对本书涉及的关键概念进行界定,并阐述研究意义和潜在创新点。第二章包括两部分,分别为"企业社会责任风险的质性归纳"和"社会责任风险的量化评估"。该章首先基于归纳式主题分析的思路对现实社会责任问题进行探索,延伸理论框架,其次开发互联网平台企业社会责任风险的量化评估体系,最后从年度、上市地、典型行业及采分点四个视角对互联网平台企业社会责任风险的现状进行深度解析。第三章为"基于两种情境的社会责任风险形成机制分析",包括两部分,分别为"基于上市企业定量数据和模糊定性比较分析方法的普遍性解释"和"基于网络医疗平台和医疗信息的场景化分析"。该章既是对同领域已有研究期望和呼吁的及时响应,也是对量化数据的深化利用,此外,还结合专题场景进行深度剖析,得到互联网平台企业社会责任风险形成的一般性解释框架和场景化形成机理。第四章为"平台视角下的社会责任履责模式及履责行为的价值影响",主要包括两部分,分别为"平台化企业履责模式创新——以阿里巴巴为例"和"社会责任行为的市场反应——以新冠疫情防控期间的慈善捐赠行为为例"。该章首先通过单案例研究策略,解析互联网平台企业社会责任战略的复杂响应特征,揭示其经济和制度压力交织、产业和平台场景突出、主动作为和制度响应并存的履责模式;在此基础上,利用新冠疫情发生后的社会责任捐赠数据开展事件研究分析,得到中美对比下的差异化结论。本书的第五章为"政府视角下的互联网平台企业社会责任风险防控",主要包括两部分,分别为"互联网平台企业社会责任风险防控的系统化政策建议"和"地方政府推动企业社会责任的发生机制解析"。该章首先结合政府职能转变和治理能力提升的现实,提出防控互联网平台公司社会责任风险的系列政策建议;其次从宏观政策落地的抓手(地方政府的行动策略)入手,探索地方政府推动企业开展社会责任的发生机理,从而为更好地推动相关工作提供政策创新路径。

第二章 互联网平台企业社会责任风险的质性归纳和量化评估

一、社会责任风险的质性归纳

互联网平台作为一种基于信息技术和网络效应连接双边（或多边）市场的新型组织形态，因其具有交易成本低、匹配快速精准等优势（Acs et al.，2021；徐智华和解彩霞，2022），近年来在世界范围内蓬勃发展。根据中国信息通信研究院 2019 年的报告，全球市值最高的 10 家上市公司中有 7 家是平台企业；我国也已经涌现了 20 家估值超过 100 亿美元的大型平台企业（中国信息通信研究院，2019）。《2023 中国数字经济前沿：平台与高质量充分就业》研究报告指出，以微信、抖音、快手、京东、淘宝等为代表的平台，2021 年为中国创造就业机会约 2.4 亿个。然而，在互联网平台企业的商业版图急剧扩张并加速渗透社会生活和商业生态的同时，其社会责任缺失问题也引起了学术界、产业界和政府主管部门的高度重视，甚至成为影响其可持续发展的重大风险（汪旭晖和张其林，2017；汪旭晖和王东明，2018）。正如已有学者提出的，传统交易规则与交易关系在平台逻辑下迅速变化，技术秩序替代传统市场秩序并逐渐成为主导逻辑(江小涓和黄颖轩,2021)。

对互联网平台企业的社会责任风险进行系统梳理和结构化描述,有助于回应学术界业已提出的探索平台型组织社会责任内容边界、责任程度和管理行为(肖红军和阳镇,2020;晁罡等,2017)的呼吁,为构建定量评估体系和展开相关实证研究奠定基础。因此,我们将在概念界定的基础上,充分考虑互联网平台企业社会责任风险具有的"实践领先于理论"(张佳良,2018)的典型特征,利用归纳式主题分析的思路(Gioia et al.,2013)开展基于现象的研究,以期基于质性数据的归纳和诠释,为相关理论的拓展做出贡献。

(一)文献回顾

1. 对企业社会责任及其风险的传统理解

学术界对企业社会责任具体内容的探索已经历较长的时间,并产生了一些为人熟知的经典模型。例如 Sethi(1975)提出了同心圆模型;Carroll(1979)提出了包括经济、法律、伦理和自由裁量四个层次的金字塔模型;Elkington(1998)推出了颇受实践界重视的三重底线逻辑。除了上述具有独立建构意义的整合性模型外,更多学者则基于利益相关者理论,对企业应承担的社会责任议题进行了梳理(Freeman,2010;Freeman et al.,2004)。

我们发现,尽管对利益相关者的分类方式存在不同的考虑(郑海东,2007;Scheidler & Edinger-Schons,2020),但研究者普遍认为,企业如果忽略了利益相关者的诉求,或其表现与制度环境期待的社会责任绩效存在差异,即是一种社会责任缺失的状态(Lange & Washburn,2012),也是企业经营不稳定的表现。这会降低组织韧性(Mandojana & Bansal,2016;Kahn et al.,2018),是组织的潜在风险

（贾明等，2020）。此外，还有学者从文化渊源的视角对企业社会责任的实质内容进行了讨论，提出要根据社会文化和制度体系的差异对企业社会责任进行系统对比的建议（尹珏林等，2020）。例如，Wang & Juslin（2009）将中国情境下的企业社会责任重新定义为和谐式（harmony approach）企业社会责任，Xu & Yang（2010）提炼了诚信经营、促进就业和维护社会和谐稳定三个重点维度。

我们认为，在特定国家情境和商业环境下，企业认知并承担社会责任的领域及其程度与企业的经营风险高度相关（Saeidi，2015；Flammer，2015；权小锋等，2015），存在得之为正、失之则负的重大利害关系。虽然已有学者基于道德资本和优质管理思想认为，企业承担社会责任，不仅能规避风险，还可以对冲经营风险（Minor & Morgan，2011；Shiu & Yang，2017），但由于对社会责任风险的内涵和外延缺乏基于现实案例的系统归纳和定量评估，现有研究更多只是停留在概念研讨或理论推理层面（Mayer，2017），既未与公司治理或内部控制体系实现紧密融合，也未在实证研究中引发足够的讨论，存在企业和社会关系研究中较为典型的知晓率较高但深度不足的问题。更值得重视的是，类似于赫茨伯格的双因素理论（满意的反向是没有满意，而非不满意），企业社会责任风险也不能等价于缺少具有自由裁量特征的慈善责任这一认知。我们迫切需要探索承担积极性社会责任的正面视角与存在缺失风险的负面视角的差异性，从而加强责任底线思维。因此，相关问题值得在已有研究的基础上得到更多的关注（Story，2006）。

2. 对网络平台背景下企业社会责任风险的认知

网络技术的突破和商业模式的创新推动了共享经济与平台企业的发展，也引发了学术界对新模式、新业态下企业社会责任履责风险的讨论。学术界普遍认为，互联网平台模式具有的数字化、包络性、跨边性和动态化特征,带来了企业社会责任异化和缺失现象,涉及范围广,消极影响大,风险防控工作刻不容缓(朱文忠等,2020)。与此同时,还应该注意的是,部分平台囿于流量变现逻辑,在一定程度上偏离了社会价值,出现了道德合法性缺口(赵光辉和李玲玲,2019;魏江等,2021)。无论是平台审核不严、数据和隐私泄露、算法歧视和平台垄断等新型社会责任问题,还是网络售假、虚假宣传、侵害劳动者权益和社会负面影响等传统责任议题的新拓展,都拷问着平台管理方。社会公众普遍期望其在获取社会关注和市场利润的同时,对等提升对社会议题的重视度和责任管理的应对力(张涛甫,2017)。我们也注意到,国家已在制度层面上着手进行顶层设计和系统布局。例如:2019年8月,国务院办公厅印发了《关于促进平台经济规范健康发展的指导意见》;2021年以来,国家市场监督管理总局、人力资源和社会保障部、国家互联网信息办公室等部门也在互联网平台经营秩序、新型就业形态劳动者权益保护、负责任的平台算法等方面开展了政策创新试点;包括行业协会在内的许多社会力量,更是积极推动平台企业做好消费者权益保护等工作。在上述背景下,肖红军和李平(2019)认为,可以将社会责任履责范式归类为传统和生态两种。前一类包括原子式、线性化和联动型三种范式,后一类则主要指互联网平台形态下的社会撬动模式(肖红军,2017)。也就是说,在生态范式下,互联网平台企业在履行经典的社会责任议题外,还要补充基于平台公共场域属性的生态圈治理要求(肖红军和阳镇,2020)。在该新范式下,社会责任风险首先体现为平台方未能充分关注与其经营有密切联系的核心利益相关方,其次体现为对新技术和制度环境下责任理念、责任边界、沟通模式的认知失察和行动失范。

　　我们注意到,尽管学术界已经做出了互联网平台企业社会责任不同于传统范式的判断,但在数字化和平台化背景下,相关研究还处于理论演绎阶段,企业社会责任风险的具体表现或核心议题仍有待探索和补充,基于现实场景的理论构建较为缺乏。我们认为,在党和国家领导人对企业社会责任在新时期做出重要指示的政治背景下(习近平,2020),在互联网平台企业社会责任工作指引和建设标准亟待前沿理论引领的现实需求中,上述工作显得尤为迫切。

(二)研究设计

1.方法选择

本书的主要目标是在互联网技术和平台化组织发展背景下,探索企业社会责任风险的典型维度和具体表现。在新经济形态中,利益相关者对企业社会责任的核心诉求和期望标准发生了动态变化,相关议题具有实践领先于理论的典型特征,缺乏足够的文献基础。因此我们认为,选择具有理论抽样特征的定性研究,特别是归纳式主题分析的研究思路较为合适。具体而言,本书将尽量贴近企业社会责任实际表现,依托扎根理论开展多案例、多类型资料的分析和编码,从而自下而上地通过现象归纳出理论(Glaser & Strauss,2009)。

2.样本选择

本书关注的是互联网平台企业,其本质特征一是组织利用互联网技术开展经营活动,二是能包络用户,具有同边或跨边网络效应。因此,这是一种基于产业技术和产业组织方式而设定的特定企业类型。考虑到不同规模和资源、不同细分行业、不同所有制、不同组织文化以及不同商业模式对企业社会责任风险的差异化影响,我们在样本选择的过程中,尽量结合多种路径进行筛选,从而综合反映制度压力、行业环境和企业特征的影响,得到具有普适意义的社会责任风险概念模型。具体筛选路径和样本确定方法如下:①研读中国信息通信研究院、阿里研究院、腾讯研究院等机构的研究报告,记录符合上述定义的典型企业。②关注网信中国、商道纵横、中国社会科学院责任云、金蜜蜂等知名第三方机构的微信公众号,标记由其归纳的典型企业。③基于国泰安、万德等知名数据库,结合中国证券监督管理委员会、香港联合交易所以及纽约交易所的行业分类指引,梳理属于相关类别的上市企业。④对上述路径记录的典型企业进行归并和分析,选择被两个或两个以上路径所记载的企业名称。经过超过6个月时间的筛选,我们梳理出30余家有较强影响力,并带有互联网平台特征的企业。

值得说明的是,尽管本书以互联网平台企业作为研究对象,但为了确保分析对象相对集中,我们按照资料的可及性、内容的广泛性、素材的独特性等标准,将阿里巴巴、腾讯、百度、京东、新浪、美团、携程、字节跳动、滴滴、拼多多等10家互联网平台企业作为典型企业进行质性分析。

3. 资料来源

我们参考了陈向明(2000)关于质性研究的资料收集方法和李平等(2019)关于案例研究的数据收集方法,综合采用二手资料[①],结合深度访谈、公司报告、问卷调查和活动参与等方法进行了广泛且深入的数据资料收集工作(见表2-1)。

---

① 研究发现,我们所关注的样本具有备受政府、投资者、公众、媒体和学术界关注的时代属性,业界已出现了专门研究平台组织的新媒体(周翔等,2016)。更重要的是,上述渠道的资料来源权威、内容丰富、渠道稳定、数量庞大,有助于相互印证。因此,我们在认真筛选的基础上,将此类新媒体或专业智库发布的二手资料作为重要的分析数据。正如周翔等(2016)、刘志成和吴能全(2012)以及Chen(1996)等所指出的,虽然二手数据本身带有一定偏见,但只要能满足三角互证的原则,是可以作为学术研究素材的。我们认识到,该新兴渠道蕴含的海量资源为本书的扎根分析提供了同类研究所不具备的机遇。

表 2-1　互联网平台企业社会责任风险质性分析的资料收集渠道

收集渠道	操作方式	渠道特点
二手资料	获取、研读和编码超过 10 万字的来自专业智库或新媒体的专题报告	内容丰富、数量庞大
深度访谈	与来自政府、行业协会、专业智库、平台企业、平台合作方等的 30 余人,开展超过 50 小时的访谈	信息直接、问题深入、起到投射作用
公司报告	查阅该领域 60 余份企业社会责任报告,完成超过 120 小时的研读、分析和编码工作	权威、全面、可对比
活动参与和问卷调查	邀请不同年龄段的消费者基于自己熟悉的网络平台,就其超过 1 年的消费体验进行问卷调研,根据其回复进行分析和编码	视角多元、问题直接、可以对比

注:具体到不同企业,本书根据实际情况,采用了不同的资料收集方式。

　　为了提升科学性和严谨性,我们通过以下手段着重提高了此次质性研究的效度和信度:①将不同有关概念和分析框架在利益相关者理论、平台理论和组织社会学的框架中进行多元匹配与反复验证,提升研究的逻辑效度;②明确数据收集的环境及其特点,对不同数据源的信息进行三角验证,提升研究的构念效度;③在不同行业、所有制和运营模式的公司中进行对比分析,观察其适用性,提升研究的外部效度;④建立存储逻辑清晰、来源明确的档案库,做好必要的录音和证据展示工作,提升研究的信度(李平等,2019)。

(三)数据分析及理论建构

1. 资料分析过程

　　本书遵循扎根理论的本质特征和质性分析的内在逻辑,利用了归纳式主题分析的数据处理策略(Gioia et al.,2013),这也类似于李平等(2019)总结的运用编码的数据分析过程。我们重视真实领域的日常现实以及参与者对这些现实的解读(Glaser & Strauss,1967),强调数据收集和分析过程的同步,并强化对显现概念的批判性评价,以期通过诠释性构建范式,扩展或补充已有理论模型。因此,虽然本书也吸收和匹配了已有理论基础,但总体上而言,更偏向于现象驱动的归纳这一理论构建范式。

在具体实施过程中,我们运用了学术界较为常见的"一阶构念——二阶主题——理论维度"的内容分析路径(Corley & Gioia,2000;李亮等,2020)。其中,一阶构念的探索接近于李亮等(2020)提出的第一阶段数据编码,也与扎根理论的开放式编码类似(Corbin & Strauss,2014)。我们分类识别原始数据资料,形成具有鲜明主题的数据块;与此同时,依托原文,运用描述式、粘贴式或行动式编码的策略,提炼、归纳有效概念及具体范畴,并尽量反映资料和情境本身的特色或受访者的立场。在实施过程中,我们采用"统一操作规范——背对背编码——争议交流或第三方求助——达成一致"的工作原则,强调认知迭代和循环往复。本书重点关注容易招致利益相关者不满,引起政府规制行动,或造成市场负面反应的企业经营手段或管理行为,并最终得到了一阶构念共 106 个(见表 2-2)。

在二阶主题的归纳过程中,我们参考李亮等(2020)以及万倩雯等(2019)的探索思路,首先将具有相同属性或类似内涵的范畴归纳成一个主题,其次站在理论的视角(企业社会责任的重要基础即利益相关者理论)去看待一阶构念,使得原来破碎、分割的数据块能结合理论框架和构念关系得以展示。在此过程中,我们特别注重一阶构念和二阶主题之间的整合、合并与提炼,既反映利益相关者理论的成熟框架,也体现互联网平台社会责任风险的现实动态,并以此原则命名二阶主题。我们最终得到了 7 个二阶主题(见表 2-2)。

表 2-2　互联网平台企业社会责任风险的一阶构念和二阶主题

二阶主题	一阶构念
产品责任与客户权益保护（A）	出现假冒或伪劣商品；产品或服务出现瑕疵；产品或服务不符合安全标准；产品或服务不按照质量要求；品控体系薄弱；未经备案提供特定产品或服务（金融服务等）；未兑现物流服务承诺；物流质量监控不力；客服流程形式化；投诉处理期过长；未提供先行赔付机制；未按承诺提供价格优惠；补偿机制不完善；纠纷解决机制不完善；推卸责任给供应商或入驻商家；未向消费者提供必要凭证；格式合同侵害消费者权益；利用大数据制造价格歧视；未有效保障老年人和未成年人的合法权益（19 个）
供应链审核与平台管理（B）	供应商入选标准过低；供应商入选要求不清晰、不透明；缺乏健全的产品或服务审核机制；供应商管理模式粗放；对供应商缺乏有效惩戒措施；平台入驻商家缺乏相关资质；对入驻商家发布的产品服务内容监管不到位；纵容商家开展不当竞争；对入驻商家的不良营销行为管控不力；随意克扣入驻商家保证金；入驻商家客服标准与平台要求不一致；对入驻商家管控不严格；虚假包装入驻商家；纵容入驻商家编造用户好评；未向入驻商家提供良好运营环境；保证金过高；未有效保障贫困地区供应商的利益（17 个）
数据安全与隐私保护（C）	通过强制协议和抓取工具等方式，私自搜集用户信息；未经授权使用用户信息；未经授权向第三方提供用户信息；未公布个人信息的利用机制和政策；未经用户同意默认开启相关服务；未向用户提供删除个人信息的权限；无法有效保护客户账号安全；泄露用户数据或隐私；平台系统存在安全漏洞；平台系统频繁故障或陷入瘫痪；用户无法删除个人信息或注销账号；平台因素导致用户信息丢失；不良信息的审核人员不足；安全认证和平台系统保护能力不足（14 个）
诚信运营与公平竞争（D）	编造用户评价；夸大产品服务功能特性；产品信息介绍不充分；未事先告知额外付费范围；未就交易方式提供充分必要信息；通过隐蔽手段捆绑销售；定价标准未向顾客公开；未提前告知规则变化信息；利用其规模侵占合作方利益；以平台规模阻止商家向第三方供货；以不当竞争破坏市场秩序；通过贿赂等不当手段获得业务；产品和服务存在盗版和假冒行为；未经许可使用他人知识产权信息；存在刷单行为；以平台优势实施各种市场垄断行为（16 个）

续表

二阶主题	一阶构念
员工权益保障(E)	未开展员工职业安全风险评估;未提供必要的职业健康安全保障;未提供必要的职业安全保险;未提供必要的职业技能培训;未向雇员提供必要的劳动保护;社会保障覆盖不到位;要求员工提供与薪酬不对等的劳动;未按约定支付解约补偿费用;未为劳务派遣制或临时性雇员提供必要的劳动安全或者工伤保障;与员工在劳动合同的执行和解除上产生纠纷;未设立工会组织,员工缺乏表达意见建议的渠道;未采取措施确保就业机会平等;存在随意或歧视性解雇行为;故意拖欠职工薪酬;未关注员工心理健康;未帮扶困难职工(16个)
资源节约与环境保护(F)	过度包装加重环境污染;未向消费者提供必要的绿色消费提醒;未评估控制产品服务的负面环境影响;未识别自身活动给周围环境、生态系统等造成的消极影响;未制定环境事故预防与应急计划;未对供应链或平台入驻商家的环保问题进行监控;对碳减排和碳达峰问题无任何准备;未利用可再生资源来补充或替代不可再生资源;未测量并记录使用能源、水和其他资源的情况;未采取积极措施减少能源、水和其他资源的使用;未开展绿色办公行动;未开展环保宣传服务(12个)
社区与公益(G)	系统算法缺乏对伦理和公序良俗的关注;发布不良或劣质信息引起公众反感;未屏蔽违规违法内容;以煽动性话题诱导关注;产品服务内容涉及色情、暴力或低俗趣味;提供有社会争议的产品或服务;未提供必要的良性消费引导;未向年轻消费者提供消费警示或消费阻断措施;营销策略违反公序良俗;未就潜在负面影响与社区进行沟通;产品和服务项目不考虑社区其他群体利益;在大灾大难面前无任何慈善响应行为;企业信用等级较低(13个)

2. 框架建构与理论诠释

在上述工作基础上,我们进一步融入了基于已有文献的深层次思考,力求展示所有二阶主题之间的潜在逻辑,实现理论的三级诠释,为分析互联网平台企业社会责任风险提供更具解释力的优化框架,并在利益相关者理论中注入"互联网＋"和平台战略的新情境。本书认为,已有针对企业社会责任战略或管理模式的研究,多以利益相关者理论或卡罗尔的四层次模型为基础(Ni et al. ,2015;Min et al. , 2020;晁罡等,2017),虽具有可操作性强的优势,但仍存在分析架构的特征性不足和指导实践的针对性不够等问题。更重要的是,从企业社会责任风险应对的视角来看,上述两种思路在某种意义上还分别存在面面俱到和无从下手的潜在问题,无法有效凸显网络平台组织"连接和交互多样性导致经营不确定性"这一新兴产业特征。

对此,本书在参考战略管理的组织环境分析框架,特别是环境不确定性理论(Downey et al. ,1975;Miller & Friesen,1983)的基础上,融合互联网平台组织相较于管道型传统企业的商业生态,设计了履责环境新颖性和履责行为可管控性两个维度对已归纳的二阶主题展开深度剖析,以便涌现新的理论维度。其中,履责环境新颖性是按照由外而内的路径提出的,反映了 Miller(1987)强调的产业动态性要素,以及 Jaworski & Kohli(1993)提出的技术和需求的变化特征,表现了互联网平台企业由产业形态、市场需求、组织结构和运营模式等要素的创新而引发的社会责任履责对象、履责内容的新形式和新诉求;履责行为可管控性则是按照由内而外的路径提出的,是从组织战略选择(Hrebiniak & Joyce,1985)和责任回应能力(Burke & Logsdon,1996;Porter,2006)的视角,表征利益相关者偏好的可预测性(Jaworski & Kohli,1993)以及履责行动的易实施性(Greening & Johnson,1996),体现了互联网平台企业在商业生态化、沟通互动化和运营数字化环境下,监控、评估、适应和践行社会责任的难易程度。

在具体分析过程中,本书运用责任议题的内容、责任连接的受众和议题形式的变动,以及问题的可预见性、履责的技术要求和履责的管理要求共 6 个指标,分别处理履责环境新颖性和履责行为可管控性2 个维度,从而实现对 7 个二阶主题的深度解析,并得出其在该指标下的定性评估结果(见表 2-3)。

表 2-3　对互联网平台企业社会责任风险的深度解析

二阶主题	履责环境新颖性			履责行为可管控性		
	责任议题的内容	责任链接的受众	议题形式的变动	问题的可预见性	履责的技术要求	履责的管理要求
产品责任与客户权益保护(A)	虚拟经济和线上服务的形式创新,但责任议题的本质仍然聚焦于产品质量、服务保护和客户需求响应等内容(结论:新颖性较低)	平台海量连接导致受众规模急剧扩张,但责任对象的本质变化不大,顾客和潜在消费者是企业社会责任主要关注的对象(结论:新颖性较低)	该类别的企业社会责任风险的表现形式仍是以次充好、虚假宣传、提示或承诺不到位等,载体从线上以线下转为线上线下并重,诚信原则和契约关系未明显变化(结论:新颖性一般)	海量连接不同供应商,出现纠纷的概率急剧增加,海量需求响应导致顾客需求差异增大、平台会失误概率提升,预案的针对性降低(结论:可管控性较低)	议题内容和本质差异,但需要瞬时响应的诉求量急剧扩大,需要更多的技术化响应方式,对大数据识别归纳的要求提高(结论:可管控性较低)	要解决相关问题,需要开展跨组织的利益协调,基于数字化开展供应链品控、物流、支付、仓储等领域的系统优化和精细管理(结论:可管控性较低)
供应链审核与管理平台管理(B)	由管理供应商的资质和供货能力转变为设计并实施针对多变市场的标准和制度体系:从业务标准、金融、舆论、伦理、知识产权等各领域扩展(结论:新颖性高)	从有限的直接联系向供应商延伸至海量入驻商家;受平台影响放大的相关各方金相关利益相关方都有更大的市场和社会压力(结论:新颖性高)	受平台海量连接以及网络化、数字化技术的影响,责任议题的影响易迅速传播,可引起连锁反应,对稳定经营造成不利影响(结论:新颖性高)	海量连接不同业务领域,具备不同资质的供应商,出现问题的不确定性(时间、程度等)大大提高,应对发难度增大,协调难度增大,应对发问题的频次提高(结论:可管控性较低)	不仅要求管控产品和服务质量的技术标准,更要提前确定管控规则,要利用大数据和算法进行智能化监控,区别对待不同的业务问题和对象(结论:可管控性低)	跨行业、跨组织协调沟通频率提高,需要提前准备并动态更新预案,与政府、社会组织和竞争对手协作频率提高,复合型人才需求扩大(结论:可管控性较低)

续表

二阶主题	责任议题的内容	履责环境新颖性		问题的可预见性	履责行为可管控性	
		责任链接的受众	议题形式的变动		履责的技术要求	履责的管理要求
数据安全与隐私保护(C)	由封闭式系统转变为分布式、开放式系统,数据的存储量和重要性急速提升,大数据成为关键要素,数据安全和隐私保护成为核心议题(结论:新颖性高)	数据信息关系到所有与平台联系的利益相关方,数据使用也不仅限于焦点企业,围绕数据的交易以及由数据交易带来高价值成为行业常态(结论:新颖性高)	数据交换时刻发生,由内、外部因素造成的安全漏洞和技术故障,不同平台对同一问题出现的频率较高,问题出现后,关注度高,影响重大(结论:新颖性高)	虽可备份和预防,但海量级、分布式数据造成的故障有其内在规律,不同平台在对同一问题的认知能力和评估能力差异较大,合作方的数据管理的不确定性高(结论:可管控性较低)	为防止问题发生,需投入超大规模的资金和大量的专业人员;需要在问题出现后,及时、迅速地解决,政府和市场的不信任压力大(结论:可管控性低)	迅速改变员工意识,动态加强培训,提前配备必要的技术设备和管理人员,开展数据安全评估和系统防护,动态进行内部安全评估和演习(结论:可管控性低)
诚信运营与公平竞争(D)	由平台化带来平台垄断,规则不透明等新问题,产品数字化、网络化也带来信息虚假,刷单和商家失联等新问题(结论:新颖性高)	连接方由单边市场拓展为双(多)边,平台连带承担入驻商家的诚信问题,模糊导致其政策影响更多产业主体(结论:新颖性高)	数字化过程中的知识产权保护成为显性难点,数据内部化导致透明度规则低,平台对模糊导致的行为边界更易实现(结论:新颖性较高)	可以通过筛选机制和负面清单提前管控入驻商家,对产品透明度、知识产权定价和潜在差距断裂行为具备基于数据的判断力(结论:可管控性较高)	尽管需要通过制度创新和规则优化实现管控,但在以平台为主导的体制下,可以通过业务数据监控和算法优化进行必要管控(结论:可管控性一般)	属于平台的管控范畴,可以根据行业规则进行规范和法律规则优化,运用平台主导权在短期和长期之间取得平衡(结论:可管控性较高)

续表

二阶主题	履责环境新颖性				履责行为可管控性		
	责任议题的内容	责任链接的受众	议题形式的变动	问题的可预见性	履责的技术要求	履责的管理要求
员工权益保障（E）	新生代和技术型员工的权益保护意识提升，从劳动保护等传统议题向心理健康、公平就业、薪酬公平和工作补偿等隐性议题拓展（结论：新颖性较高）	从传统的企业员工拓展到多种形式的灵活用工，重点关联的主体和管理人员由技术和平台展至物流、直播、司机等，辅助型灵活用工（结论：新颖性较高）	从一体化的员工权益保障策略，从以公司为主转变为"平台—公司—个人"联动保障的形式，从供需引领为拉动（结论：新颖性较高）	虽连接主体和议题内容有所变化，但仍相对属于平台内部履责策略，员工数据由平台掌控，沟通渠道由平台可在第一时间了解和评估问题，也可制定工作计划（结论：可管控性较高）	虽需通过技术手段优化沟通、通过数据优化方式，但技术创新和资源投入的要求相对有限，平台自主决策空间较大，属于平台主导型的管理议题（结论：可管控性高）	尽管复杂性提高，但仍属于平台主导的决策范畴，可根据法律规范和行业规则进行管理优化，可尝试探索各方都可接受的新型平衡方案（结论：可管控性一般）
资源节约与环境保护（F）	责任议题仍然聚焦于防治污染、环境保护、绿色低碳、资源节约等问题（结论：新颖性较低）	直接影响对象仍是自然环境，此外还有环保组织和政府部门等间接对象（结论：新颖性较低）	操作主体扩展至产业链和服务网，履责方式仍为技术和产品优化（结论：新颖性一般）	订单量增大导致环保问题发生概率日益增大，负面影响日益严重，问题累积量超预期（结论：可管控性较低）	系统评估、监测和解决环保问题，重视技术创新和标准在环保中的作用（结论：可管控性较低）	建立跨组织和前瞻性规划，在战略、营销、运营和培训等方面实质参与（结论：可管控性较低）

续表

二阶主题	履责环境新颖性			履责行为可管控性		
	责任议题的内容	责任链接接的受众	议题形式的变动	问题的可预见性	履责的技术要求	履责的管理要求
社区与公益（G）	责任议题由公益慈善等志愿性议题延伸至社会关注度较高的公序良俗和社会伦理议题,社区议题由以线下为主转为线上线下并重（结论:新颖性高）	公众对企业社区与公益的要求由加分项和可选选项转为扣分项和必选项,传统非核心利益相关方诉求凸显（结论:新颖性高）	对企业的影响由静态转为动态,会直接影响企业经营和组织形象,与商业模式和商业伦理紧密关联（结论:新颖性高）	经营者习惯于关注经济和运营问题,对于衍生的社会议题预判不足,相关问题在平台中实时发生,且较多涉及第三方,一旦出现问题容易陷入被动（结论:可管控性低）	需要动态完善的评估标准和大量的监控力量,需要价值观和社会偏好等人与价值关乎的变量,及时发现和响应社会态度,成为履责的常态（结论:可管控性低）	与社会的接触由零星、散点向无缝、全面转变,高敏锐和高度关注地积极关注商业议题的负面影响,加深对社会价值和公平的认知,提升内外部沟通能力（结论:可管控性低）

在分析过程中我们深刻体会到,不同二阶主题在不同指标中的表现很不一致,有的主题在互联网平台企业的情境中(相较于传统的管道型企业),不仅面临新颖性强的履责环境,还存在平台可控性弱的特征。在此情况下,相关平台主体面临着更高效、更主动、更迅速和更多元的社会责任风险防控形势。

最终,本书综合各个二阶主题在两个维度(及其内在指标)上的实际表现和典型特征,将其纳入如图 2-1 所示的相应区域中。在反复研讨后,我们将相应的风险类型分别命名为挑战型企业社会责任风险、监控型企业社会责任风险和调适型企业社会责任风险。

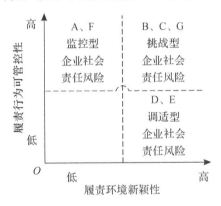

图 2-1　互联网平台企业社会责任风险的风险类型

(四)潜在研究贡献及管理启示

尽管已有学者提出,鉴于互联网平台企业的同边和跨边效应,以及用户黏性和市场壁垒特征,其社会责任范式与传统企业相比,在行动主体、涉及的内容和履责边界等维度存在重大差异(阳镇,2018),甚至实现了社会治理方式、价值创造方式、社会责任管理方式等微观行为和宏观效果上的超越(肖红军,2017)。然而,基于现实场景的责任议题归纳以及继承利益相关者理论的框架延展仍然较为缺乏。首先,学术界对互联网平台企业社会责任内容维度的研究仍然处于探索状态(肖红军和阳镇,2020),其次,利益相关者理论正处于"既被学术界和企业界普遍认知,又亟待在平台情境中动态更新"的创新十字路口。考虑到互联网平台企业是平台化社会责任治理的核心主体(肖红军和李平,2019),而社会责任治理成效又是组织韧性的重要保障(Shiu & Yang,2017;贾明等,2020),基于互联网平台企业可持续发展的视角和企业风险防控的目标,利用"环境—反应"的分析思路开展互联网平台企业社会责任风险关键议题的探索和整体形态的建构,为利益相关者理论注入具有平台特征的新兴元素,具有较大的理论和现实意义。

本部分归纳的互联网平台企业社会责任风险的一阶构念,既承接了已有文献充分考虑中国情境下的企业社会责任特征(尹珏林等,2020;钱翠丽,2020)和数智化时代关注社会责任治理框架创新(阳镇和陈劲,2020)的前瞻性探索,也在尝试回答同领域研究者提出的平台企业利益相关方的主体边界、平台企业嵌入社会的方式等前沿问题(肖红军和阳镇,2020)。本部分所得出的供应链审核与平台管理、数据安全与隐私保护、诚信运营与公平竞争等二阶主题,既关联了利益者理论的特定主体,又凸显了平台生态中的特征要素和运营规律,具有较强的理论引导作用和实践指导意义。在此基础上,我们基于由外而内和由内而外两个路径(陈劲和焦豪,2021),特别是按照履责环境新颖性和履责行为可管控性两个维度开展的社会责任风险解析及框架建构工作,有效应对了已有企业社会责任研究范式对新兴平台企业关注不足、理论建构缺失的问题(朱文忠和尚亚博,2020),也为互联网平台企业系统布局社会责任战略和防控责任风险提出了有效行动路径。

本书认为,互联网平台企业在享受开放性、双(多)边性带来的益处的同时,应重新评估其企业属性,充分关注经济属性和社会属性的共生共融特征,平衡私人市场属性和公共价值属性(肖红军和阳镇,2020),需要强化对以新颖性、海量级、并发性、动态性、衍生性和准公共性等为典型特征的新型企业履责环境的敏感性,通过技术创新、制度优化、算法嵌入、平台协同和资源重组等手段,做好社会议题与平台专长、责任风险与经营模式、履责能力与管理流程以及社会影响与平台盈利之间的协同匹配。

此外,政府作为可持续和负责任平台经济的助推者,也面临着监管强度和监管能力双提升的重大考验。我们注意到,我国平台经济发展正处于关键期,国家也已经出台了《电子商务法》《国务院反垄断委员会关于平台经济领域的反垄断指南》和《网络交易监督管理办法》等制度,发布了《关于推动平台经济规范健康持续发展的若干意见》等新要求,并对腾讯、百度、阿里巴巴、美团和滴滴等头部企业的违法案例做出了行政处罚决定。监管制度和监管能力将与监管强度一样,成为监管效果的关键点。因此,本部分取得的初步成果,或将在一定程度上助推监管制度朝着精细化和精准化迈进。

二、社会责任风险的量化评估

为系统全面地认知互联网平台企业社会责任风险的实际表现,分析其典型短板和结构差异,为探索其形成机理和治理模式提供基础,也为企业管理实践提供操作建议,本书基于第一章的关键概念定义,在前述质性归纳工作基础上,参考已有研究对企业社会绩效的评估策略,探索性构建了互联网平台企业社会责任风险评估体系。与此同时,我们还按照效度可控、数据可得、结果可信的工作原则,以较有行业影响力和社会认知度的互联网平台企业为对象,开展了社会责任风险的量化评估和数据分析工作。

（一）评价体系与操作策略

1. 已有文献基础评价

企业社会责任是一项既有理论衍生性又富实践导向性的议题，对其开展量化评估一直是学术界和实践界的重要议题，已有研究多在利益相关者理论指导下，基于社会责任报告的特定指标或相关理论引出的问卷量表并开展分析（骆南峰，2017；Bansal & Song，2017）。上述思路，经过近 30 年的探索，已取得了初步成果。索尼菲尔德从外部利益相关者的视角，分别从社会敏感性和企业社会责任两个维度对企业进行了社会绩效评价（陈维政，2002）。自 20 世纪 90 年代开始，更是出现了大量企业社会责任与企业经济绩效关系的实证研究，学者们根据各自的理解，设计并采用了多种企业社会责任数据。例如：Pava & Krausz（1996）通过对几十篇相关文献解读，总结了 9 种常见的企业社会责任数据来源；Igalens & Gond（2005）进一步总结企业社会绩效的测量方法，提出了 5 类企业社会责任测量方法。尽管如此，对企业社会责任的理论研究仍然存在问题，评价主体的公正性、评价指标的合理性、评价方法的科学性都有待进一步提高（阳镇和许英杰，2017）；而在实践界，甚至存在"乱象丛生"的现象。与此相类似，我们基于实践成果对比和理论研究剖析发现，不同实证研究所界定的企业社会责任的概念内涵和操作定义各不相同，甚至引发了对同一问题的不同研究结论。而出现上述现象的主要原因，可以从主观和客观两方面进行分析。从主观方面来看，不同的学者对企业社会责任的范围、受众和自愿性等维度存在不同的理解，对利益相关者的重要程度存在认识上的分歧；从客观方面来看，由于评价企业社会责任需要来自不同利益相关者的数据,而要获得及时、准确、全面的信息,则又面临企业信息披露积极性不高等具体问题,就法律法规不做强制要求的大量非上市公司或中小企业而言,则更是困难重重。因此,研究者退而求其次的情况(从数据收集的便捷性入手)也较为普遍。

除了上述已被学术界普遍认知的问题外,针对互联网平台企业的社会责任评估,我们认为还存在以下几项更为重要的新兴问题:第一,虽然学术界对传统管道型企业做了大量的绩效评价和实证研究,但在平台经济迅速发展的背景下,针对互联网平台企业社会责任开展的指标体系设计或评价方法研究却十分不足(肖红军和阳镇,2020);第二,已有研究无论是对企业履行社会责任结果的绩效评价,抑或是对公司发布社会责任报告质量的评估,都是从第三方视角或评价工作本身展开的,较少从企业经营风险的视角或管理预判的目的,对企业履责的关键变量进行分析,企业无法有效感知相关工作的紧迫性和必要性;第三,已有研究对理论与实践的平衡重视不足,多依托于理论概念开展题项设计,忽略了对现实情境或行业标准的吸收,因而较少从责任响应和责任管理这一操作性路径来探索社会责任风险,对政策制定和管理实践的指导意义不足;第四,尽管已有部分研究机构或管理咨询团队开展了针对互联网平台企业的社会责任评估工作,但就我们的观察来看,评估体系的效度和信度仍然存在提升空间,评估指标的针对性、内容覆盖的全面性、过程和结果的平衡性、分析内容的可量化性、对应数据的可得性以及评价过程的透明度等存在较为突出的问题。

2. 指标体系设计思路

在现有文献梳理和研究成果评价的基础上,我们根据以下思路构建了互联网平台企业社会责任风险的量化评估体系:①考虑到本书前述质性研究所获得的理论维度侧重架构特征和理论意义,而一阶构念的可操作性和可量化性亦显不足,本书以质性研究所形成的二阶主题作为评估的一级指标;②鉴于质性研究中展示的一阶构念的现实关联性以及第三方标准的行业深入性,在评估体系二级指标的构建过程中,我们既注重对质性研究形成的一阶构念的量化改编,也注意吸收外部评价标准的典型经验①;③在指标统计规则的设计中,我们参考国际知名社会责任数据库 KLD 的量化分析逻辑,以相关指标是否被披露为统计依据,即披露可得分,不披露不得分;④根据实际情况,本书删除了 KLD 原有但我们短期内无法获得的外部负面信息,参考李正和向锐(2007)、马连福和赵颖(2007)的方法,按照信息披露的丰富度设置差异化打分规则,即披露量化信息为 2 分,披露质性资料为 1 分;⑤为进一步提升指标体系与现实情境的对应性,我们研读了 35 份互联网平台领域上市公司的企业社会责任报告,对其内在指标进行了总结提炼,并与指标初稿进行持续比对,确保内容的饱和度和指标的代表性;⑥鉴于社会责任报告(可持续发展报告/ESG 报告)是企业回应利益相关者关切和评估企业社会责任成效的重要工具,可以反映企业是否存在社会责任风险,我们将其作为一项基础性指标纳入评估体系;⑦从评估规则尽量透明和操作可重复的导向出发,我们为所有二级指标设定了计算规则,以此为基础,最终确定了各项指标的权重。

　　基于上述操作思路,我们按照包容性和代表性相结合、质性和量化相结合、结果性和过程性相结合以及正面和负面相结合的原则,构建了包括 8 个一级指标、45 个二级指标的互联网平台企业社会责任风险的量化评估体系(见表 2-4)。

---

　　① 本书参考的外部评价方法包括:①《社会责任指南》(GB/T36000—2015)、《社会责任报告编写指南》(GB/T 36001—2015)和《社会责任绩效分类指引》(GB/T36002—2015)等 3 项国家标准;②ISO 26000、GRI《可持续发展报告标准》、香港联合交易所《ESG 报告指引》(2015 版)等国际标准;③《电子信息行业社会责任指南》[参见《电子工业专用设备通用规范》(SJ/T16000—2016)]、《世界经济论坛、国际商业理事会 ESG 评价标准(2020)》等行业指引。

表 2-4　互联网平台企业社会责任风险评估体系

序号	维度及指标	计算规则	定量/定性	正面/负面	权重/%
1	产品责任与客户权益保护	—	—	—	11
1.1	消费者满意度	如披露了与消费者满意度有关的定量指标信息,则该项为1分,如无相关信息则为0分	定量	正面	1
1.2	产品负面信息	如主动披露了与产品和服务质量相关的负面信息,则该项为2分,如无相关信息则为0分	定性	负面	2
1.3	投诉处理机制	如披露了客户投诉处理机制或处理流程,则该项为1分,如披露了与消费者投诉有关的定量指标(投诉总数、投诉处理率、投诉响应时间等)则为2分,如无相关信息则为0分	定量/定性	负面	2
1.4	产品可获得性	如披露了保障未成年人、残障人士、老年人、贫困地区人员等特殊人群获得产品与服务(或免受干扰)等信息,则该项为1分,如进一步披露了与此相关的量化统计数据或资源投入数据则为2分,如无相关信息则为0分	定量/定性	正面	2
1.5	产品质量保障	如披露了与产品质量体系相关的监测机制、召回机制、赔偿制度、考核方法或培训手段等信息,则该项为1分,如进一步披露了投入人财物投入情况或第三方质量监测结果等定量信息则为2分,如无相关信息则为0分	定量/定性	正面	2
1.6	产品伦理审查	如披露了与产品伦理有关的职责、流程、培训、奖惩等审查体系,则该项为1分,如进一步披露了与此相关的定量数据则为2分,如无相关信息则为0分	定量/定性	正面	2

续表

序号	维度及指标	计算规则	定量/定性	正面/负面	权重/%
2	供应链审核与平台管理	—	—	—	11
2.1	供应链审核	如披露了供应链审核标准或审核机制,则该项为1分,如进一步披露了审核频率、审核数量、通过比例等定量数据则为2分,如无相关信息则为0分	定量/定性	正面	2
2.2	供应链培训	如披露了供应链培训机制、培训措施和提升措施等信息,则该项为1分,如进一步披露了相关的量化统计数据和资源投入数据则为2分,如无相关信息则为0分	定量/定性	正面	2
2.3	平台参与方管理	如披露了对平台参与方的管理标准、监督体系和管控技术,则该项为1分,如进一步披露了定量形式的管理成效(奖惩数据、抽查数据等)则为2分,如无相关信息则为0分	定量/定性	正面	2
2.4	平台负面信息	如主动披露了平台管理中的薄弱环节和平台经营中的负面信息,或披露了政府和媒体关于平台管理的负面评价,则该项为2分,如无相关信息则为0分	定性	负面	2
2.5	平台管理投入	如主动披露了与平台管理和审核相关的定量信息(人员、资金和技术等),则该项为2分,否则为0分	定量	正面	1
2.6	第三方评估	如引入了第三方或外部管理标准开展供应链和平台参与方评估工作,则该项为1分,如进一步披露了定量评估结果则为2分,如无相关信息则为0分	定量/定性	正面	2
3	数据安全与隐私保护	—	—	—	11

续表

序号	维度及指标	计算规则	定量/定性	正面/负面	权重/%
3.1	消费者隐私保护	如披露了与消费者隐私保护有关的组织机制、工作流程和奖惩措施等制度,则该项为1分,如披露了为此开展的技术创新和流程再造等技术方案或引入了第三方评价机制则为2分,如无相关信息则为0分	定性	正面	2
3.2	标准建设和培训	如披露了与消费者隐私保护有关的标准建设工作,或披露了与消费者隐私保护有关的培训数量、培训参与方和培训成效等定量信息,则该项为1分,如两项均披露则为2分,如无相关信息则为0分	定量/定性	正面	2
3.3	数据和隐私保护负面信息	如披露了数据和隐私保护方面的负面信息,或披露了政府和媒体关于相关问题的负面评价,则该项为2分,如无相关信息则为0分	定性	负面	2
3.4	数据安全防线	如披露了数据安全保护方面的内外部审计信息或安全防线建设信息,则该项为1分,如进一步披露了隐私安全建设成效的定量数据或引入了第三方评价机制则为2分,如无相关信息则为0分	定量/定性	正面	2
3.5	消费者调查和管理改进	如披露了与数据安全和消费者隐私保护方面的内外部调查信息,或披露了基于利益相关方要求的管理改进成效,该项为1分,如无相关信息则为0分	定性	负面	1

序号	维度及指标	计算规则	定量/定性	正面/负面	权重/%
3.6	行业集体行动	如披露了参加平台外的与数据安全和隐私保护有关的行业协会或联盟,或者开发和支持产业链标准建设等具有正外部效应的行动资料,则该项为1分,如进一步披露了量化统计数据则为2分,如无相关信息则为0分	定量/定性	正面	2
4	诚信运营与公平竞争	—	—	—	11
4.1	诚信公平负面信息	如披露了与虚假宣传、腐败、垄断和知识产权有关的负面信息,或披露了政府和媒体关于相关问题的负面评价,则该项为2分,如无相关信息则为0分	定性	负面	2
4.2	知识产权保护	如披露了与知识产权保护有关的工作标准、申诉机制、运作流程、工作机制、奖惩措施等信息,则该项为1分,如披露了与此相关的定量数据或引入了第三方监督机制则为2分,如无相关信息则为0分	定量/定性	正面	2
4.3	诚信宣传	如披露了与诚信宣传有关的工作标准、运作流程、工作机制、奖惩措施等信息,则该项为1分,如披露了与此相关的定量数据或引入了第三方监督机制则为2分,如无相关信息则为0分	定量/定性	正面	2
4.4	反垄断	如披露了与公平竞争和反垄断有关的工作标准、运作流程、工作机制、奖惩措施等信息,则该项为1分,如披露了与此相关的定量数据或引入了第三方监督机制则为2分,如无相关信息则为0分	定量/定性	正面	2

续表

序号	维度及指标	计算规则	定量/定性	正面/负面	权重/%
4.5	平台内诚信机制	如披露了引导和加强平台内各参与方诚信运营和公平竞争相关的激励机制、工作模式或培训体系,则该项为1分,如披露了与此相关的定量资源投入数据和培训成效数据则为2分,如无相关信息则为0分	定量/定性	正面	2
4.6	产业链诚信机制	如披露了参加平台外的行业协会/联盟,或支持产业链或行业诚信和公平运营标准建设等信息,则该项为1分,如无相关信息则为0分	定性	正面	1
5	员工权益保障	—	—	—	12
5.1	员工权益定量数据	如披露了员工满意度、社会保险覆盖率、员工体检率、带薪休假率中的3—4个,则该项为2分,如只披露了1—2个则为1分,如无相关信息则为0分	定量	正面	2
5.2	员工权益负面信息	如披露了员工流失率、员工职业健康问题、员工工伤数、员工工作时长或员工劳动纠纷等负面信息,则该项为2分,如无相关信息则为0分	定性	负面	2
5.3	员工发展机会	如披露了员工培训、员工职业发展机会和员工内部协商机制等制度体系,则该项为1分,如进一步披露了员工发展和培训相关的定量数据或投入的资金数据则为2分,如无相关信息则为0分	定量/定性	正面	2
5.4	劳动纠纷解决	如披露了劳动合同解除和劳动纠纷解决的制度流程和管理体系,则该项为1分,如披露了具体解决案例或具体量化数据则为2分,如无相关信息则为0分	定量/定性	负面	2

序号	维度及指标	计算规则	定量/定性	正面/负面	权重/%
5.5	雇佣和薪酬福利	如披露了雇佣制度和薪酬福利体系,则该项为1分,如进一步披露了不同层面的雇佣数据和不同维度的公平薪酬数据则为2分,如无相关信息则为0分	定量/定性	正面	2
5.6	职业健康和安全	如披露了职业健康和职业安全有关的保障措施和制度体系,则该项为1分,如进一步披露了职业健康方面的资金投入、员工身心健康方面的量化指标或帮扶困难职工数据则为2分,如无相关信息则为0分	定量/定性	正面	2
6	资源节约与环境保护	—	—	—	12
6.1	资源消耗定量数据	如披露了电、水、纸张等资源的消耗量或节约量,则该项为1分,如无相关定量信息则为0分	定量	正面	1
6.2	碳减排定量数据	如披露了促进低碳运行的技术手段和管理模式,则该项为1分,如进一步披露了碳排放量或减排量等定量数据则为2分,如无相关信息则为0分	定量/定性	正面	2
6.3	废弃物排放	如披露了促进废弃物减排的工作步骤和具体措施,则该项为1分,如进一步披露了二氧化碳等温室气体或固体废弃物的排放量或者减排量则为2分,如无相关定量信息则为0分	定量/定性	正面	2
6.4	资源回收与循环利用	如披露了促进资源循环利用或促进废弃物回收的具体活动、业务流程和保障措施,则该项为1分,如进一步披露了资源回收和循环利用的定量数据或资源投入数据则为2分,如无相关信息则为0分	定量/定性	正面	2

续表

序号	维度及指标	计算规则	定量/定性	正面/负面	权重/%
6.5	环保培训与宣传	如披露了环保培训和宣传有关的具体活动和措施,则该项为1分,如进一步披露了为此投入的人财物资源数据或促进平台参与方(包含平台卖家、物流等)集体环保绩效的信息则为2分,如无相关信息则为0分	定量/定性	正面	2
6.6	生物多样性和生态保护	如披露了提高生物多样性、促进生态修复、减少有害物质使用的具体措施、业务流程或奖惩制度,则该项为1分,如无相关信息则为0分	定性	正面	1
6.7	环保领域负面信息	如披露了与资源节约和环保有关的负面信息,则该项为2分,如无相关信息则为0分	定性	负面	2
7	社区与公益	—	—	—	12
7.1	带动地区发展	如披露了促进价值链所在地区经济发展、文化教育发展、群众健康改善、贫困消除或就业带动等企业政策,则该项为1分,如进一步披露了相关定量数据则为2分,如无相关信息则为0分	定量/定性	正面	2
7.2	研发投入定量信息	如披露了公司技术研发措施和具体步骤,则该项为1分,如进一步披露了研发经费支出或占比、专利数、标准修订数等定量信息则为2分,如无相关信息则为0分	定量/定性	正面	2
7.3	公益慈善定量信息	如披露了公益慈善捐赠总额、公益慈善募捐总额、公益慈善投资金额、公益慈善受益人数、员工志愿者参与数等3个及以上定量指标,则该项为2分,披露1—2个定量指标则为1分,如无相关信息则为0分	定量	正面	2

序号	维度及指标	计算规则	定量/定性	正面/负面	权重/%
7.4	基金会（社会组织）参与	如披露了参与公益基金会或公益性社会组织的活动，发起公益品牌项目等信息，则该项为1分，如公司主导成立公益基金会则为2分，无相关信息则为0分	定性	正面	2
7.5	公益事业管理体系	如披露了公益事业管理、企业公益活动组织、员工志愿者活动促进、扶贫工作参与等制度体系中的3个及以上，则该项为2分，如披露1—2个则为1分，如无相关信息则为0分	定性	正面	2
7.6	虚拟社区管理	如披露了促进虚拟社区健康文化营造和良性发展的工作方案与保障措施，则该项为1分，如进一步披露了人财物资源投入或建设成效的定量数据则为2分，如无相关信息则为0分	定性/定量	正面	2
8	社会责任报告编制和发布	—	—	—	20
8.1	年度社会责任报告	分析公司在2017—2019年度，是否按年编制并发布社会责任（ESG/可持续发展）报告（或专项报告），如某一年公开发布，则该年度为5分（该项至多为15分），如无相关行为则为0分	定性	正面	15
8.2	社会责任报告审计或鉴证	如该公司的社会责任（ESG/可持续发展）报告（或专项报告）在2017—2019年期间，接受了第三方审计或鉴证（非报告获奖），则该项为5分，如无相关行为则为0分	定性	正面	5

3. 评估对象与操作过程

与质性研究一致，社会责任风险量化评估的对象也是互联网平台企业这一特定类型。尽管如此,两者仍有显著差异。质性研究的分析主体主要基于选择性抽样(理论抽样)的逻辑(陈晓萍等,2018),而量化评估则关注了尽可能多的行业样本。考虑到评估对象的行业影响力及社会责任数据的可得性,我们综合国泰安、万德等知名数据库的指数(板块)分类,结合中国证券监督管理委员会、香港联合交易所和美国纽约证券交易所的行业分类指引,选取了 54 家具有互联网平台特征的上市公司作为研究对象(也包括未上市但具有重大行业影响力的独角兽公司),其中,在上海证券交易所和深圳证券交易所上市的企业有 10 家,在香港联合交易所上市的企业有 6 家,在纽约证券交易所和纳斯达克股票交易所上市的企业有 35 家,非上市企业有 3 家。

经与业内相关研究比对,我们选取的企业基本涵盖了中国市场上的主流或头部公司,包含电商(11 家)、社交(7 家)、旅游出行(7 家)、教育(9 家)、视频(6 家)、金融(7 家)以及综合(7 家)等细分领域。

我们借鉴 Wang(2018)、李正和向锐(2007)以及北京商道融绿咨询有限公司(2021)的经验,以上述企业官方发布的社会责任(可持续发展/ESG)报告为数据源进行分析。与此同时,鉴于互联网平台企业社会责任问题被频繁曝光进而引起全社会关注的时间并不长①,互联网平台企业发布社会责任报告的时间也有限,我们重点关注了上述企业 2017—2019 年度的数据资料。经统计,54 家样本企业在该时期,共发布社会责任(可持续发展/ESG)报告 43 份,其中,2017 年度有 12 份,2018 年度有 16 份,2019 年度有 15 份。

本书研究人员及研究助理共 10 人参与了基于社会责任报告分析

① 例如,中国电子商务协会政策法律委员会于 2016 年发布《电子商务行业大数据打假210》,中国信息通信研究院于 2017 年底发布《互联网平台治理白皮书》,国家发展改革委于 2017 年发布《关于促进分享经济发展的指导性意见》的通知,行业智库商道纵横于 2019 年开始在每年发布的《环境、社会及公司治理报告操作手册》及行业 ESG 手册中增加"互联网与软件服务业"报告。

的量化评估工作,所有参与研究的人员具备以下两个条件中的一个:
(1)具有企业社会责任领域的专业知识(博士学位);(2)在参与量化评
估工作前已接受了 32 学时以上的企业社会责任与商业伦理课程培
训。在此基础上,为了确保数据分析的一致性和针对性,我们采用了
"提前模拟—独立分析—交叉验证—协调差异—再度评估"的工作策
略,并强调认知迭代和循环往复。通过上述办法,我们建构了较为统
一的评分尺度。每份社会责任(可持续发展/ESG)报告都得到了 2 位
研究者的独立分析;课题负责人对不一致之处进行再评估,并将最终
的操作细节报告给全体参与者。为完成上述工作,我们投入了足够充
分的研究时间,报告的平均分析时间达到了 200 分钟以上,评估时间
总计超过 150 小时。

　　基于上述步骤和方法,我们取得了较高信度的评估结果,平均每
份报告的初评一致率接近 80%,初评的 Cohen's Kappa 值达到 0.65
以上。经差异分析及尺度统一后,我们完成了所有报告的数据分析和
量化评估工作。[①]

(二)基于年度分段的总体情况分析

1. 2017 年度情况

　　图 2-2 展示了 2017 年度互联网平台企业社会责任风险情况,为确
保可比性,我们以总分及各维度的得分率来体现其社会责任风险。得
分越低,意味着互联网平台企业在该领域的社会责任管理缺陷越大,
其自身及利益相关方的权益受到侵害越严重,其经营受到不利影响的
概率也越高(后同)。从最大值看,2017 年度总得分最高的企业得分

---

　　① 注:表 2-4 的第八个维度"社会责任报告编制与发布"系上市企业社会责任风险评估的基础
分,相关分数一并计入总分,具体评分方法如表 2-4 所示。

率为 61%，而在数据安全与隐私保护、诚信运营与公平竞争、员工权益保障、资源节约与环境保护、社区与公益这五个维度中做得最好的企业得分率均超过了 63%，相比之下，在产品责任与客户权益保护、供应链审核与平台管理这两个维度中做得最好的企业得分率均低于 55%。从全部样本来看，互联网平台企业社会责任风险总体较高，产品责任与客户权益保护、供应链审核与平台管理、数据安全与隐私保护和诚信运营与公平竞争这四个维度的表现相对更差，得分率均低于 10%。从 2017 年度发布了社会责任报告的样本看，产品责任与客户权益保护、供应链审核与平台管理、诚信运营与公平竞争这三个维度表现相对较差，平均得分率均低于 32%。我们还注意到，在产品责任与客户权益保护、数据安全与隐私保护、诚信运营与公平竞争、资源节约与环境保护这四个维度上表现最差的企业得分率均为 0，个别企业即使发布了报告，风险仍然较大。

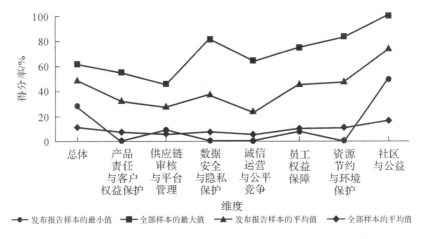

图 2-2   2017 年度互联网平台企业社会责任风险情况

2. 2018 年度情况

图 2-3 展示了 2018 年度互联网平台企业社会责任风险情况。从最大值看，该年度最优秀企业的总得分率达 65%，相比于 2017 年度提高了 4 个百分点，大部分维度都超过了 63%，头部企业的表现总体尚

可,但供应链审核与平台管理维度仍然较弱。从全部样本来看,互联网平台企业的社会责任风险总体仍然较大,但得分率相比于 2017 年度有不同程度的上升。从 2018 年度发布了社会责任报告的样本看,员工权益保障、资源节约与环境保护、社区与公益等维度表现相对较好;产品责任与客户权益保护、数据安全与隐私保护、诚信运营与公平竞争这三个维度表现相对较差,得分率均低于 30%;我们还注意到,供应链审核与平台管理、数据安全与隐私保护、诚信运营与公平竞争、资源节约与环境保护这四个维度中表现最差的企业得分率均为 0,而产品责任与客户权益保护维度的得分率则比 2017 年度有提升;社区与公益维度与 2017 年度一样,仍然相对做得较好。

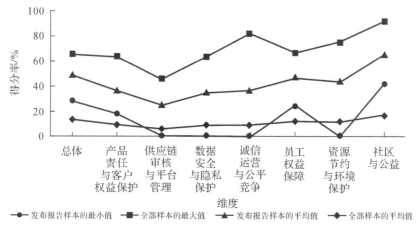

图 2-3 2018 年度互联网平台企业社会责任风险情况

3. 2019 年度情况

图 2-4 展示了 2019 年度互联网平台企业社会责任风险情况。从最大值看,该年度最优秀企业的总得分率达 71%,相比于 2017 年度和 2018 年度有了进一步提升,个别头部企业在社区与公益、数据安全与隐私保护这两个维度的得分率达到了 100%,产品责任与客户权益保护、供应链审核与平台管理、数据安全与隐私保护、资源节约与环境保

护、社区与公益等五个维度的风险也在降低。从全部样本来看,虽然供应链审核与平台管理维度的得分继续得到改善,产品责任与客户权益保护、数据安全与隐私保护、诚信运营与公平竞争等六个维度相比2017年度亦有提升,但总体责任风险仍然较大。从2019年度发布了社会责任报告的企业情况看,相比于2017年和2018年度,互联网平台企业在大部分维度都表现出得分率波动大、风险不确定性高的特点;而尾部企业相对更重视员工权益保障和社区与公益两个维度,但在其他维度表现出较大的社会责任缺失问题。

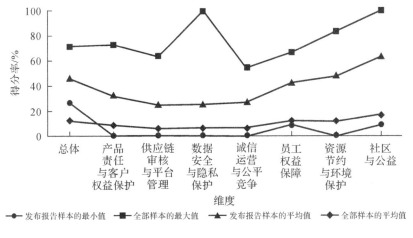

图 2-4 2019 年度互联网平台企业社会责任风险情况

4. 2017—2019 年度社会责任风险情况

在分年度评估的基础上,我们综合三年情况对互联网平台企业社会责任风险进行了总结分析。从最大值看,该时期表现最好的企业的三年平均得分率①约为 60%,且头部企业在数据安全与隐私保护、员工权益保障、资源节约与环境保护、社区与公益这四个维度中能够做

---

① 2017—2019 年度平均得分率反映了互联网平台企业在这一时期社会责任的总体风险,其计算方法系三年得分的算术平均值。即使某公司在其中两年取得了较高的得分率,如存在某一年未发布报告的现象,则其平均得分率仍将受到较大影响,并被认为该公司在该时期存在需要引起关注的社会责任风险。

到持续作为。从全部样本来看，与年度分析情况类似，总体而言互联网平台企业在各个维度的社会责任风险都较高，其中，产品责任与客户权益保护、供应链审核与平台管理、数据安全与隐私保护、诚信运营与公平竞争这四个维度的问题相对更为突出，大部分为本书前文总结的挑战型社会责任风险。从发布了社会责任报告的样本看，产品责任与客户权益保护、数据安全与隐私保护、员工权益保障、资源节约与环境保护、社区与公益这五个维度的表现相对较好；供应链审核与平台管理、诚信运营与公平竞争这两个维度的表现相对较差，平均得分率都低于20%；从尾部企业来看，数据安全与隐私保护、诚信运营与公平竞争、资源节约与环境保护这三个维度的受重视程度最低。

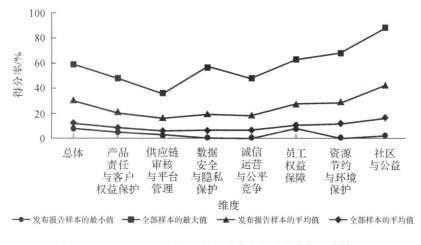

图 2-5　2017—2019 年度互联网平台企业社会责任风险情况

（三）综合年度和上市地的社会责任风险分析

鉴于已有文献提到的制度环境（包括规制、规范和认知等逻辑）对企业社会责任的重要影响（Marquis ，2007；Husted ，2007），尤其是考虑到互联网平台企业与国际资本市场的紧密关系，我们将上市地作为一个重要变量纳入社会责任风险的分析框架。本书的潜在逻辑是，由于法律等制度环境以及投资者偏好等融资环境的差异,互联网平台企业社会责任风险可能因上市地不同而存在显著差异。在我们的调研对象中,共包括三种上市地,即上海证券交易所和深圳证券交易所(A)、纽约证券交易所和纳斯达克证券交易所(B)和香港联合交易所(C)。

1. 2017 年度基于上市地对比的数据

基于表 2-5 我们可以发现,从总得分率来看,无论从领军企业层面、发布报告样本的均值层面,抑或是全部样本的均值层面,不同上市地的企业并无显著差异。但在各个维度,则有较大不同。在产品责任与客户权益保护维度,A 类和 B 类领军企业优于 C 类领军企业,这一规律也同时体现在发布报告样本的均值对比中。但在供应链审核与平台管理维度,就发布报告样本的均值以及领军企业的得分率而言,B 类和 C 类上市企业显著高于 A 类上市企业;值得注意的是,上述情况在该年度数据安全与隐私保护维度、诚信运营与公平竞争维度、社区与公益维度都可以被发现,因而需引起 A 类上市企业的高度重视;上述维度,都是本书所界定的履责环境新颖性较高的领域。而在相对较为传统的员工权益保障和资源节约与环境保护维度,三类上市企业在发布报告样本的均值层面以及全部样本的均值层面,没有表现出显著差异,但 B 类上市企业在资源节约与环境保护维度的领先数据,仍然值得 A 类和 C 类上市企业重视。

表 2-5　2017 年度基于上市地对比的社会责任风险数据

单位:%

维度和类别		平均值(发布报告样本)	平均值(全部样本)	最大值(全部样本)	最小值(发布报告样本)
总体	A	45.00	13.50	60.00	37.00
	B	51.33	8.56	60.00	28.00
	C	50.50	16.83	61.00	40.00

续表

维度和类别		平均值（发布报告样本）	平均值（全部样本）	最大值（全部样本）	最小值（发布报告样本）
产品责任与客户权益保护	A	30.30	9.09	54.55	0
	B	37.88	6.31	54.55	27.27
	C	22.73	7.58	45.45	0
供应链审核与平台管理	A	21.21	6.36	27.27	18.18
	B	25.76	4.29	45.45	9.09
	C	36.36	12.12	36.36	36.36
数据安全与隐私保护	A	27.27	8.18	45.45	9.09
	B	39.39	6.57	72.73	0
	C	40.91	13.64	81.82	0
诚信运营与公平竞争	A	15.15	4.55	27.27	0
	B	28.79	4.80	45.45	0
	C	31.82	10.61	63.64	0
员工权益保障	A	50.00	15.00	66.67	41.67
	B	41.67	6.94	66.67	8.33
	C	58.34	19.45	75.00	41.67
资源节约与环境保护	A	38.89	11.67	58.33	0
	B	58.33	9.72	83.33	0
	C	41.67	13.89	50.00	33.33
社区与公益	A	61.11	18.33	75.00	50.00
	B	81.95	13.66	100.00	66.67
	C	75.00	25.00	100.00	50.00

2. 2018 年度基于上市地对比的数据

从表 2-6 我们不难发现，从总得分率来看，2018 年度不同上市地领军企业的得分率和发布报告样本的均值并无显著差异；但在全部样本的均值上，C 类上市企业的得分率显著高于其他两类上市企业。这说明相比于 2017 年度，C 类上市企业发布社会责任报告以及披露社

表 2-6　2018 年度基于上市地对比的社会责任风险数据

单位:%

维度和类别		平均值(发布报告样本)	平均值(全部样本)	最大值(全部样本)	最小值(发布报告样本)
总体	A	45.00	18.00	59.00	33.00
	B	48.60	6.75	65.00	28.00
	C	52.20	43.50	56.00	46.00
产品责任与客户权益保护	A	34.09	13.64	54.55	18.18
	B	36.36	5.05	54.55	27.27
	C	38.18	31.82	63.64	27.27
供应链审核平台管理	A	22.73	9.09	45.45	0
	B	21.82	3.03	45.45	0
	C	29.09	24.24	45.45	18.18
数据安全与隐私保护	A	22.73	9.09	36.36	9.09
	B	41.82	5.81	63.64	0
	C	36.36	30.30	63.64	0
诚信运营与公平竞争	A	40.91	16.36	81.82	9.09
	B	29.09	4.04	63.64	0
	C	40.00	33.33	81.82	9.09
员工权益保障	A	43.75	17.50	66.67	25.00
	B	45.00	6.25	58.33	25.00
	C	51.67	43.06	66.67	41.67
资源节约与环境保护	A	29.17	11.67	75.00	0
	B	50.00	6.94	75.00	0.00
	C	48.33	40.28	58.33	33.33
社区与公益	A	56.25	22.50	66.67	41.67
	B	66.67	9.26	91.67	41.67
	C	70.00	58.34	91.67	50.00

会责任信息的积极性有了显著提升,社会责任风险逐步降低。在产品责任与客户权益保护维度,与 2017 年度不同的是,C 类上市企业进步较大,在各个统计量上均领先于 A 类和 B 类上市企业。上述情况在该年度的社区与公益维度也得到了体现。在员工权益保障维度,2018年度的情况与 2017 年度基本相似,三类上市企业的表现在各个统计量上基本相似。但在供应链审核与平台管理,以及诚信运营与公平竞争维度,A 类上市企业进步显著,无论是领军企业的得分率,还是发布报告样本的均值,纵向和横向来看都有了显著进步。尽管如此,对于 A 类上市企业而言,在数据安全与隐私保护维度以及社区与公益维度的领军企业各个统计量和发布报告样本的均值方面,与另两类上市企业依然有较大差距,社会责任风险较为明显。

3. 2019 年度基于上市地对比的数据

从表 2-7 我们不难发现,2019 年度 B 类上市企业中的领军企业表现较为突出,且在总体及多个维度得以显现;相比之下,A 类和 C 类上市企业中的领军企业,其社会责任风险水平相当。从发布报告样本的均值来看,除社区与公益维度外,其他维度均呈现了 B 类和 C 类上市企业领先于 A 类上市企业的特点。但与此不同的是,在全部样本的均值层面,在 B 类上市企业却并不如前述两个维度那么领先。基于上述几点我们可以认为,B 类上市企业两极分化较为严重,C 类上市企业却较为均衡,总体水平和稳定性也较出色,A 类上市企业则需在产品责任与客户权益保护、供应链审核与平台管理、数据安全与隐私保护等新型维度继续加强责任管理和风险管控。

表 2-7　2019 年度基于上市地对比的社会责任风险数据

单位：%

维度和类别		平均值（发布报告样本）	平均值（全部样本）	最大值（全部样本）	最小值（发布报告样本）
总体	A	40.00	20.00	62.00	27.00
	B	48.60	6.75	71.00	27.00
	C	50.00	25.00	55.00	42.00
产品责任与客户权益保护	A	20.00	10.00	36.36	0
	B	32.73	4.55	55.00	18.18
	C	39.39	19.70	54.55	27.27
供应链审核与平台管理	A	23.64	11.82	63.64	0
	B	18.18	2.53	27.00	9.09
	C	33.33	16.67	63.64	9.09
数据安全与隐私保护	A	10.91	5.45	36.36	0
	B	34.55	4.80	100.00	0
	C	36.36	18.18	45.45	27.27
诚信运营与公平竞争	A	21.82	10.91	54.55	0
	B	27.27	3.79	55.00	0
	C	30.30	15.15	45.45	18.18
员工权益保障	A	38.33	19.17	58.33	8.33
	B	43.33	6.02	67.00	25.00
	C	50.00	25.00	58.33	41.67
资源节约与环境保护	A	38.33	19.17	66.67	0
	B	65.00	9.03	83.00	41.67
	C	41.67	20.83	66.67	25.00
社区与公益	A	61.67	30.83	91.67	16.67
	B	60.00	8.33	100.00	8.33
	C	58.33	29.17	75.00	33.33

4.2017—2019 年度基于上市地对比的数据

从表 2-8 的三年数据来看,领军企业得分率和发布报告样本的均值,均表现出 A 类和 B 类上市企业优于 C 类上市企业的特点,但总体来看,C 类上市企业表现出较大的优势。因此可以认为,A 类和 B 类上市企业两极分化较为严重,不及时发布社会责任报告的企业较多,且上述特征在产品责任与客户权益保护、供应链审核与平台管理、员工权益保障、资源节约与环境保护以及社区与公益等维度亦有体现。从各细分维度的社会责任风险水平来看,本书提炼的供应链审核与平台管理、数据安全与隐私保护等挑战型社会责任维度,也正是三类上市企业较为薄弱的方面。

表 2-8　2017—2019 年度基于上市地对比的社会责任风险数据

单位:%

维度和类别		平均值(发布报告样本)	平均值(全部样本)	最大值(全部样本)	最小值(发布报告样本)
总体	A	34.33	17.17	60.33	13.33
	B	33.08	7.35	59.00	9.00
	C	28.45	28.45	38.33	17.67
产品责任与客户权益保护	A	21.82	10.91	48.48	6.06
	B	23.86	5.30	48.48	6.06
	C	19.70	19.70	27.27	12.12
供应链审核与平台管理	A	18.18	9.09	33.33	6.06
	B	14.77	3.28	36.36	3.03
	C	17.68	17.68	30.30	9.09
数据安全与隐私保护	A	15.15	7.58	39.39	3.03
	B	25.76	5.72	57.58	0
	C	20.71	20.71	48.48	0

续表

维度和类别		平均值（发布报告样本）	平均值（全部样本）	最大值（全部样本）	最小值（发布报告样本）
诚信运营与公平竞争	A	21.21	10.61	48.48	3.03
	B	18.94	4.21	48.48	0
	C	19.70	19.70	36.36	6.06
员工权益保障	A	34.44	17.22	63.89	13.89
	B	28.82	6.40	52.78	8.33
	C	29.17	29.17	47.22	13.89
资源节约与环境保护	A	28.33	14.17	66.67	0
	B	38.54	8.57	69.44	0
	C	25.00	25.00	36.11	16.67
社区与公益	A	47.78	23.89	77.78	22.22
	B	46.88	10.42	88.89	2.78
	C	37.50	37.50	63.89	22.22

（四）典型细分行业的社会责任风险分析

在完成基于制度环境的互联网平台企业社会责任风险对比后，考虑到不同细分行业的潜在差异，我们结合样本行业分布情况，对综合和电商两类平台企业的社会责任风险进行了深度挖掘。前者代表了实力较强的领军企业，后者则与近年来的典型案例紧密关联。

1. 综合类互联网平台企业的社会责任风险

图 2-6 展示了 2017 年度综合类企业的社会责任风险数据。从最大值看，2017 年度综合类企业相对更注重数据安全与隐私保护、诚信运营与公平竞争、员工权益保障、资源节约与环境保护、社区与公益。从全部样本的表现来看，不同维度的表现相差较大，数据安全与隐私保护、员工权益保障、资源节约与环境保护、社区与公益这四个维度的表现相对较好，产品责任与客户权益保护、供应链审核与平台管理、诚

信运营与公平竞争这三个维度则表现得相对较差。从发布了社会责任报告的样本看,综合类企业在供应链审核与平台管理上仍然存在较大的责任风险,而尾部企业的主要问题存在于资源节约与环境保护维度。

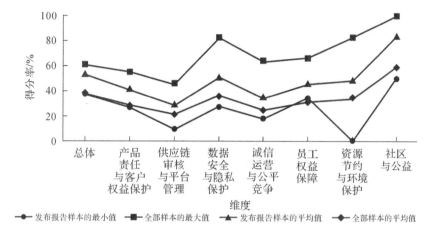

图 2-6　2017 年度综合类企业的社会责任风险数据

图 2-7 展示了 2018 年度综合类企业的社会责任风险数据。从最大值看,2018 年度综合类企业仍然相对更重视数据安全与隐私保护、诚信运营与公平竞争、员工权益保障、资源节约与环境保护、社区与公

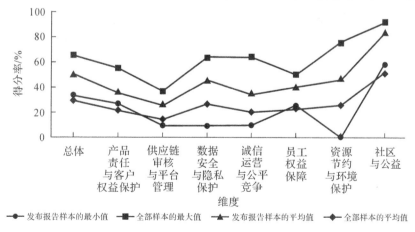

图 2-7　2018 年度综合类企业的社会责任风险数据

益。从全部样本的表现来看,数据安全与隐私保护、员工权益保障、资源节约与环境保护、社区与公益这四个维度表现相对较好,得分率均超过 22%;产品责任与客户权益保护、供应链审核与平台管理、诚信运营与公平竞争这三个维度则表现得相对较差。从发布了社会责任报告的样本看,产品责任与客户权益保护、供应链审核与平台管理、员工权益保障、诚信运营与公平竞争这四个维度表现相对较差,得分率均低于 40%;头部企业和尾部企业的弱点与 2017 年度基本类似。

图 2-8 展示了 2019 年度综合类企业的社会责任风险数据。从最大值看,2019 年度综合类企业的总得分率达 71%,相比 2018 年度提高了 6 个百分点。该年度综合类企业相对更重视产品责任与客户权益保护、数据安全与隐私保护、资源节约与环境保护、社区与公益。从全部样本的表现来看,与 2018 年度相比,除数据安全与隐私保护维度得分率下降外,其余各维度的得分率均有不同程度上升。从发布了社会责任报告的样本看,企业间的差异在扩大,在资源节约与环境保护、数据安全与隐私保护这两个维度上表现最差的企业得分率为 0。

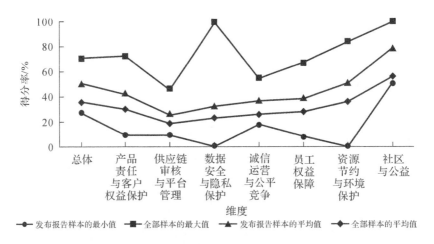

图 2-8　2019 年度综合类企业的社会责任风险数据

图 2-9 展示了 2017—2019 年度综合类企业的社会责任风险数据。从最大值看,总得分最高的企业得分率为 59%,仍有较大提升空间。从全部样本的表现来看,供应链审核与平台管理、诚信运营与公平竞争这两个维度表现相对较差。从发布了社会责任报告的样本看,仍然是供应链审核与平台管理、诚信运营与公平竞争这两个维度表现相对较差,平均得分率均低于 30%。此外我们还发现,2017—2019 年度,资源节约与环境保护、数据安全与隐私保护这两个维度上表现最差的企业均分为 0,说明综合类尾部企业在这两个维度上的社会责任风险十分明显。

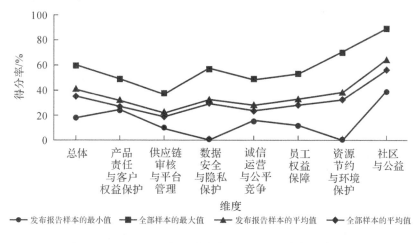

图 2-9 2017—2019 年度综合类企业的社会责任风险数据

2. 电商类互联网平台企业的社会责任风险

图 2-10 展示了 2017 年度电商类企业的社会责任风险数据。从最大值角度看,2017 年度电商类头部企业相对更注重数据安全与隐私保护、员工权益保障、资源节约与环境保护、社区与公益。从全部样本的平均值来看,员工权益保障、资源节约与环境保护、社区与公益这三个维度的表现相对较好,即使受到未发布报告企业的影响,得分率仍超过 20%,产品责任与客户权益保护、供应链审核与平台管理、数据安

全与隐私保护、诚信运营与公平竞争这四个维度则表现得相对较差，得分率均低于13%。从发布了社会责任报告的企业的整体情况看，产品责任与客户权益保护、供应链审核与平台管理、数据安全与隐私保护、诚信运营与公平竞争这四个维度得分相对较低，风险暴露较明显。

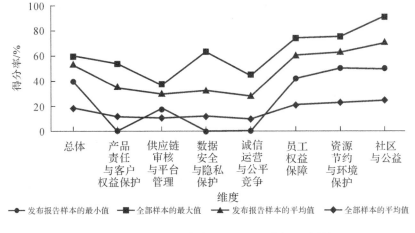

图 2-10   2017 年度电商类企业的社会责任风险数据

图 2-11 展示了 2018 年度电商类企业的社会责任风险数据。从最大值看，2018 年度电商类头部企业相比于 2017 年度，对产品责任与客户权益保护、诚信运营与公平竞争维度的重视有所提升。从全部样本的表现来看，供应链审核与平台管理、数据安全与隐私保护这两个维度则表现得相对较差，得分率均低于 19%，且与 2017 年度相比有所下降。从发布了社会责任报告的样本看，诚信运营与公平竞争、员工权益保障、资源节约与环境保护、社区与服务这四个维度表现相对较好，产品责任与客户权益保护、供应链审核与平台管理、数据安全与隐私保护这三个维度表现相对较差，得分率均低于 35%；值得关注的是，与2017 年度相同，发布报告样本的尾部企业，在资源节约与环境保护、社区与公益这两个维度的得分率超过了 50%，显示出该年度较为明显的特定领域社会责任风险预控能力。

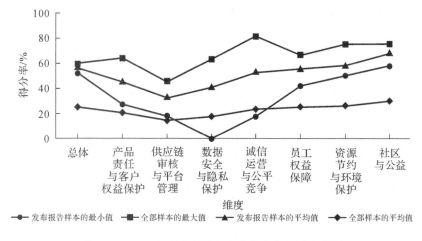

图 2-11　2018 年度电商类企业的社会责任风险数据

图 2-12 展示了 2019 年度电商类企业的社会责任风险数据。从最大值看,2019 年度电商类头部企业相比于 2018 年度,对产品责任与客户权益保护、诚信运营与公平竞争两个维度的重视度有进一步提升。从全部样本的表现来看,产品责任与客户权益保护、数据安全与隐私保护、诚信运营与公平竞争、员工权益保障、资源节约与环境保护这五个维度表现得相对较差,得分率均低于 10%,且与 2018 年度相比各维度得分率均有下降。从发布了社会责任报告的样本看,产品责任与客

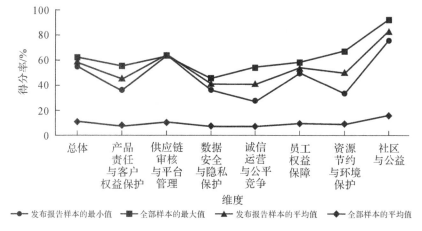

图 2-12　2019 年度电商类企业的社会责任风险数据

户权益保护、数据安全与隐私保护、诚信运营与公平竞争这三个维度
表现相对较差,得分率均低于46％,且上述信息与电商类企业在现实
中的负面案例也较为吻合,值得引起高度重视。

图2-13展示了2017—2019年度电商类企业的社会责任风险数
据。从最大值看,总得分最高的企业得分率约为60％,与综合类头部
企业基本持平,其较为重视的维度为员工权益保障、资源节约与环境
保护、社区与公益。从全部样本的表现来看,不同维度的表现相差不
是很大。从发布了社会责任报告的样本看,产品责任与客户权益保
护、供应链审核与平台管理、数据安全与隐私保护、诚信运营与公平竞
争四个维度表现相对较差,平均得分率低于26％,且尾部企业对数据
安全与隐私保护维度的重视度较低。

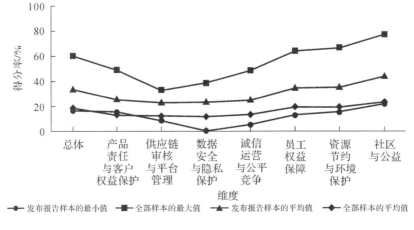

图2-13　2017—2019年度电商类企业的社会责任风险数据

(五)基于得分率的描述统计

在按上市地和细分行业进行社会责任风险描述后,为从管理优化
的视角展示互联网平台企业的社会责任风险,本书分维度对样本企业
在各分项指标中的得分率进行了分析。

图 2-14 展示了 2017—2019 年度全部样本企业（未发布报告视为未得分，后同）在产品责任与客户权益保护维度中的得分。从 2017 年度的情况来看，投诉处理机制、产品可获得性、产品质量保障、产品伦理审查这四个指标得分率相对较高，均超过 9%；消费者满意度、产品负面信息这两个指标得分率相对较低，均低于 6%；得分率最低的指标是产品负面信息，即企业不愿意向外界披露不利于产品的信息。从 2018 年度的情况来看，除产品负面信息指标得分率略有下降外，其余各指标得分率均有不同程度上升；投诉处理机制、产品可获得性、产品质量保障、产品伦理审查这四个指标得分率相对较高，均超过 11%；消费者满意度、产品负面信息这两个指标得分率相对较低。从 2019 年度的情况来看，大部分指标得分率保持不变，消费者满意度、产品负面信息这两个指标得分率相对较低。总体来看，企业相对更关注投诉处理机制、产品可获得性、产品质量保障、产品伦理审查这四个指标；大部分指标的得分率具有波动上升的趋势，但披露产品负面信息的主动性不足。

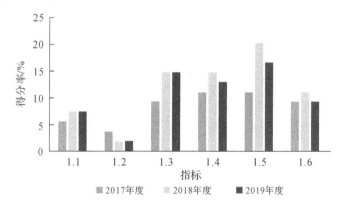

图 2-14　产品责任与客户权益保护维度各指标得分率

图 2-15 展示了 2017—2019 年度全部样本在供应链审核与平台管理维度中的得分率。从 2017 年度的情况来看，供应链审核、平台参与

方管理、平台管理投入这三个指标得分率相对较高,得分率均超过7%,得分率最高的指标是供应链审核。这反映了供应链审核标准或审核机制已引起行业的重视。2018 年度的总体情况与 2017 年度相似,平台负面信息、平台管理投入、第三方评估这三个指标得分率相对较低,均低于 4%。从 2019 年度的情况来看,仍然是平台负面信息、平台管理投入、第三方评估这三个指标得分率相对较低,得分率进一步下降至 2%以下。

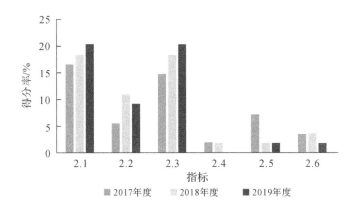

图 2-15　供应链审核与平台管理维度各指标得分率

图 2-16 展示了 2017—2019 年度全部样本在数据安全与隐私保护维度中的得分率。从 2017 年度的情况来看,消费者隐私保护、标准建设和培训、数据安全防线这三个指标得分率相对较高。从 2018 年度的情况来看,除数据和隐私保护负面信息、消费者调查和管理改进两个指标得分率有所下降外,其余各指标得分率均有不同程度的上升。从 2019 年度的情况来看,除数据和隐私保护负面信息、消费者调查和管理改进这两个指标得分率相较 2018 年度保持不变外,其余各个指标得分率均不同程度的下降。总体来看,样本企业相对更关注消费者隐私保护、标准建设和培训、数据安全防线这三个指标;从趋势看,除部分指标得分率有上下波动外,其余指标得分率均不同程度波动下

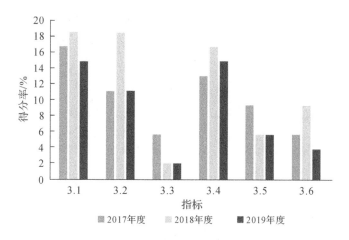

图 2-16　数据安全与隐私保护维度各指标得分率

降,企业在该维度面对的挑战较大。

图 2-17 展示了 2017—2019 年度全部样本在诚信运营与公平竞争维度中的得分率。从 2017 年度的情况来看,诚信公平负面信息、反垄断这两个指标得分率相对较低;得分率最高的指标是平台内诚信机制,这反映了行业重视引导和加强平台内各参与方诚信运营和公平竞争,建立了较充分的激励机制、工作模式或培训体系。从 2018 年度的情况来看,各指标得分率均有不同程度上升;知识产权保护、诚信宣传、平台内诚信机制这三个指标得分率相对较高,超过 11%;诚信公平负面信息、反垄断、产业链诚信机制这三个指标得分率相对较低。从 2019 年度的情况来看,诚信公平负面信息、反垄断、产业链诚信机制这三个指标得分率相对较低。总体来看,样本企业相对更关注知识产权保护、诚信宣传、平台内诚信机制;从趋势看,除诚信公平与负面信息指标得分率相对波动幅度较大外,其余指标的得分率显现了稳中有升的态势,相比数据安全与隐私保护维度,企业在该维度的责任风险相对有限。

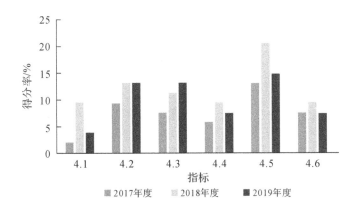

图 2-17　诚信运营与公平竞争维度各指标得分率

　　图 2-18 展示了 2017 —2019 年度全部样本在员工权益保障维度中的得分率。从 2017 年度的情况来看,员工权益定量数据、员工权益负面信息、劳动纠纷解决这三个指标得分率相对较低。其中,得分率最低的指标是劳动纠纷解决,即行业不愿意披露劳动合同解除和劳动纠纷解决的制度流程与管理体系。从 2018 年度的情况来看,除劳动纠纷解决外,各指标得分率均有不同程度上升;员工发展机会、雇佣和薪酬福利、职业健康和安全这三个指标得分率相对较高,均超过 14%。其中,得分率最高的指标是员工发展机会,这反映了行业相对更重视为员工提供晋升途径和帮助。从 2019 年度的情况来看,除员工权益

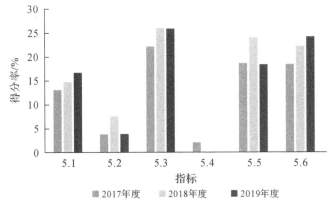

图 2-18　员工权益保障维度各指标得分率

负面信息、雇佣和薪酬福利这两个指标得分率相较 2018 年度有所下降外，其余各个指标得分率均不同程度上升或保持不变。总体来看，企业相对更关注员工发展机会、雇佣和薪酬福利、职业健康和安全这三个指标；从趋势看，劳动纠纷解决这一指标在三年间均表现较差，这也与行业不断曝出离职官司或雇员维权案例相印证。

图 2-19 展示了 2017—2019 年度全部样本在资源节约与环境保护维度的得分率。从 2017 年度的情况来看，资源消耗定量数据、碳减排定量数据、废弃物排放、资源回收与循环利用、环保培训与宣传这五个指标得分率相对较高；生物多样性和生态保护、环保领域负面信息这两个指标得分率相对较低。得分率最低的指标是环保领域负面信息，即行业不愿意披露其与资源节约和环保有关的负面信息。从 2018 年度的情况来看，大部分指标的得分率均有不同程度上升；废弃物排放、生物多样性和生态保护、环保领域负面信息这四个指标得分率相对较低。其中，得分率最低的指标仍然是环保领域负面信息。从 2019 年度的情况来看，除生物多样性和生态环保、环保领域负面信息这两个指标得分率相较 2018 年度有所下降或保持不变外，其余各个指标得分率均有不同程度上升。总体来看，企业相对更关注资源消耗定量数据、碳减排定量数据、废弃物排放、资源回收与循环利用、环保培训与

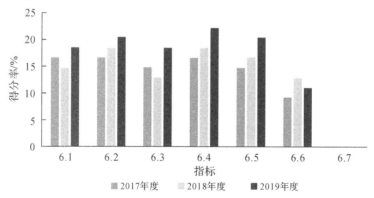

图 2-19　资源节约与环境保护维度各指标得分率

宣传；从趋势看，生物多样性和生态保护、环保领域负面信息这两个指标在三年间均表现较差，需要引起行业的集体重视。

图 2-20 展示了 2017—2019 年度全部样本在社区与公益维度中的得分率。从 2017 年度的情况来看，带动地区发展、公益慈善定量信息、基金会（社会组织）参与、公益事业管理体系这四个指标得分率相对较高，都超过 20%；研发投入定量信息、虚拟社区管理这两个指标得分率相对较低；其中，得分率最低的指标是虚拟社区管理，即样本企业在新的责任领域（促进虚拟社区健康文化营造和良性发展）的风险较大。从 2018 年度和 2019 年度的情况来看，各指标得分率稳中有升，但研发投入定量信息、虚拟社区管理这两个指标得分率仍然较低。总体来看，企业相对更关注带动地区发展、公益慈善定量信息、基金会（社会组织）参与、公益事业管理体系，大部分指标的表现尚不稳定，虚拟社区管理指标得分率较低，但有上升趋势。

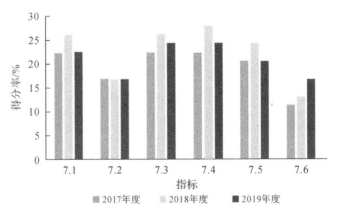

图 2-20　社区与公益维度各指标得分率

第三章　基于两种情境的社会责任风险形成机制分析

一、基于上市企业定量数据和模糊集定性比较分析方法的普遍性解释

(一)引　言

近年来,依托于国家经济的发展和互联网技术的进步,平台经济迅速发展,给人们的生产生活带来了颠覆性和系统性影响。作为焦点的互联网平台企业以其同边和跨边效应以及基于大数据的算法科学,首先成为整合资源信息、创造共赢价值的经济载体,其次获得了较高的市场辨识度和消费者黏性,赢得了投资者和创业家的热捧。但我们也看到,互联网平台企业履行社会责任的环境和态势也在同步发生变化,表现出利益相关方的话语权在削弱、平台对公众的价值引导作用在加强以及社会对平台的履责要求在提高等特点(钱小军等,2021);与此相关联,其社会责任风险也日益凸显,展示出对平台内经营者疏于管理、对消费者隐私保护不力、平台垄断和大数据杀熟等与传统企业完全不同的责任议题,并显示了不同企业之间以及不同社会责任维

度之间的巨大差异。我们还看到,对于企业社会责任影响因素的研究,一直以来都是企业战略管理的重点议题(Orlitzky,2003;Mackey,2007;Waddock,2007;Wang,2020)。例如:本书作者曾在前期研究中提出,对企业社会责任驱动机制的研讨存在竞争优势、企业伦理和制度规范三个不同的视角,它们对企业社会责任的目标、功能、关键点和分析层次的认知各有侧重,已形成了差异化的理论基础;尹珏林等(2020),进一步从制度层面、组织层面和个体层面对企业社会责任的前因变量进行了系统归纳,并细分了 20 余个关键影响变量。

综合上述现实和理论背景我们不禁要问:①哪些因素(或因素组合)会对互联网平台企业社会责任风险产生影响,其形成机制是什么?②以往对传统企业社会责任驱动机制或影响因素的研究结论(Brunk & de Boer,2018;Lam,2009;Luo et al.,2017;Li & Lu,2016)是否可以在新经济形态中复制(阳镇和陈劲,2020;Mcintyre & Srinivasan,2017)?③是否可以认为较高(或较低)的社会责任风险管理水平是多种条件和因素共同作用的结果?上述问题亦为企业社会责任领域的学者正在极力呼吁和期待的研究选题。例如:Aguiler et al.(2007)较早前已提出,应关注什么样的组织或者条件更能产生有效的责任行动;肖红军和阳镇(2020)进一步认为,学术界极度缺乏对平台企业社会责任治理行为的影响因素研究,需从平台企业个体、商业生态圈结构以及平台企业的制度体系等多个层次进行考察,可能存在交叉组合效应。与此同时,由于相关问题的产生与发酵时间不长,虽已引起了包括党中央在内的全社会的高度关注,但仍存在学术研究显著滞后的现象。特别是由于数据获取难度大、影响机理不清晰等,对该重要议题的实证研究严重不足(肖红军和阳镇,2020)。正如朱文忠(2020)指出的,现有研究多为理论阐释或类型分析,基于一手调研数据和定量方法的探索十分不足。当然,相关研究结论的获得并不容易。从方法来看,既要破解传统回归方法只能获取单变量净效应的问题,找到可以整体性考虑多种影响因素的研究方法,也要应对产业集聚特征导致的样本量有限的现实问题,还要获取尽可能客观的一手或二手数据;此外,平台情境下的影响机制探索、实证结果获得后的理论阐释以及与以往研究的比对,都是我们需要解决的重点问题。

基于上述分析,我们将融合企业社会责任影响因素研究中已被单独关注的资源依赖、制度基础、知识基础、行业竞争以及公司治理方面的理论和研究基础,利用可以破解方法问题的模糊集定性比较分析(fsQCA),以在国内开展经营的上市企业为样本,基于 2017—2019 年度互联网平台企业社会责任风险数据,开展具有探索性的互联网平台企业社会责任风险影响因素探析。本书一方面有助于回应 Wang(2020)关于挖掘中国情境下企业社会责任研究独特性的呼吁,构建平台经济范式中企业社会责任风险的分析性框架,另一方面能助力互联网平台企业进一步厘清责任清单,健全责任治理体系。

(二)理论基础和研究框架

探索互联网平台企业社会责任风险的影响因素,既要承接针对传统企业的已有研究基础,也要关注互联网平台企业的变革特征。围绕这一问题,已有大量研究开展了前期探索。学者们普遍认为,可以从资源依赖、制度塑造、组织文化、公司治理以及产业结构等视角进行探索性分析,并分层分类得出了组织规模和冗余资源数量正向影响企业社会责任绩效,组织感知的制度压力(包括规制、规范和认知压力)和合法性诉求正向影响企业社会责任绩效,人本主义文化导向或儒家义利平衡导向正向影响企业社会责任,以及公司治理特征特别是股权结构和高管诉求深刻影响企业社会责任绩效等结论。我们认为,上述思路虽为我们提供了值得关注的理论背景和命题基础,但侧重单个理论的检验,缺乏理论视角之间的协同整合,从而导致了各不相同、各说各话的现象(张明等,2020)。从文献检索结果来看,除了徐鹏等(2019)少数研究,围绕企业社会责任议题关于影响因素协同效应的探索十分不足,而以互联网平台企业为对象的前沿文献,更是稀少。我们也注意到,针对平台经济背景下互联网平台企业的社会责任变化新趋势,也值得全面梳理和深度融合。例如,阳镇和许英杰(2017)认为,"互联网+"背景下的企业社会责任正经历着履责主体、履责动力、履责范式、履责议题和履责沟通等维度的系统变化,需要学术界尽快厘清其责任边界和逻辑起点。也就是说,平台企业社会责任所表现出的异质性和双元性(肖红军和阳镇,2020)以及履责过程中的关系多层次、主体多元性、影响跨边性、功能社会性特点(肖红军和李平,2019)将带来其运作模式和治理机制的全面跃迁。因此,对互联网平台企业开展社会责任风险的影响因素研究,一是要破除自变量相互独立、因果对称和单向线性的方法论预设(张明等,2020),二是要紧密联系该类型企业的技术发展背景、产业竞争形态和商业组织模式。也就是说,融合制度和行业环境(外部因素)以及企业资源能力和结构(内部因素)的组合路径,或是一种值得尝试的方式。

事实上,要结合多重理论开展企业社会责任管理模式和责任绩效影响因素探究的观点已被部分学者提出,并形成了一定的影响力。例如:Aguilera et al.(2007)明确提出,组织社会责任模式的驱动机制可以从工具层、关系层、道德层以及上述内容间的交互层进行系统探讨;Basu(2008)发现了企业社会责任意义建构模型中的认知、表达和行动三类行动;尹珏林(2020)总结了制度、组织和个体三个维度七小类近20项具体构念作为企业社会责任绩效的前因变量。此外,已有研究曾总结了竞争优势、企业伦理和制度规范三个视角(蔡宁等,2009)。我们认为,以上观点虽有差异,但也有相通的认知基础,即如何评估组织内部环境(冗余资源、管理经验和所有权结构)和企业外部环境(制度压力和产业竞争)在上述过程中的作用。特别是在权变范式向组态范式变革的背景下(龚丽敏等,2014),理解互联网平台企业社会责任风险的复杂影响机理,应该探索不同视角之间的协同与互补,以期得到相互支撑的研究结论。

在具体操作过程中,我们借鉴张明(2020)以及 Ketchen et al.(1993)的操作思路:首先,基于文献基础,按照演绎与归纳相结合的方法确定组态条件,即考虑一般意义和具体情境,将理论模型内与产业特点相关的典型变量纳入分析框架;其次,融合模糊集定性比较分析方法对于样本量的一般要求和最小公式的简洁性问题;最后,在数据可得的范围内,确定了五个组态条件,即资源条件、知识经验、所有权结构、制度环境和竞争压力。接下来我们将分别分析上述条件对互联网平台企业社会责任风险的直接影响。

1. 资源条件

按照资源依赖理论的观点,组织生存依托于内外部环境,其生产、营销、技术研发以及社会联系都需要资金、技术、人才等多种资源的支持。与此相关联,闲散资源理论与资金供给假说也支持类似的观点。前者提出,当企业经营绩效良好时,具备较高的灵活性和可选择性,更有可能将资源配置于短期收益较低的企业社会责任建设(Owusu-Ansah,1998;Artiach et al.,2010)。后者的观点是:企业的社会责任行为取决于资金的可获得性,社会责任战略是企业投入资源的结果(Sharfman,1988);许多企业可能期望成为良好的企业公民,但它们的实际行动受制于企业的可用资金(Preston,1997)。上述观点也可以从后续的实证研究中得到印证。不少研究发现,企业财务绩效与企业社会责任绩效之间的影响是正向的、协同的(Preston,1997;Orlitzky,2003;Chiu & Sharfman,2011;张兆国等,2013)。此外还应注意到,相较于传统企业,受平台经济范式的同边与跨边效应的影响,互联网平台企业社会责任内容正在迅速扩展(阳镇,2018),社会责任内容涵盖独立运营主体、商业运作平台、社会资源配置平台三个层次(肖红军和李平,2019),其涉及的利益相关者更为复杂、规模更大,平台企业维持合法性所需的成本更高(Garud et al.,2022)。与此同时,在双边架构及网络效应下,平台企业合法性赤字的出现过程更隐蔽,扩大过程更迅速(魏江等,2021),因此需要付出更多的资源与努力。例如:今日头条不仅投入了大量资金开展人工智能审核技术的研发,还招聘了万余名审核人员承担相关工作;腾讯提出了投入 500 亿元首期资金进行可持续价值创新的计划;小红书为应对虚假笔记事件不仅加大了技术和人工审核力量,还通过资源赋能的方式鼓励优质供给方展开内容创新。可以想象,若无丰富的资金来源(例如主营业务收入),互联网平台企业社会责任风险管理水平将较为有限。

2. 知识经验

知识基础理论认为,组织需要深入地整合和协调内外部学习过程(Kogut & Zander,1992;Nelson & Winter,1982),其对知识的获取、生成、储存、运用和分享关系到整个组织的生存与发展(Hakanson,2010)。例如,Rhee & Kim(2015)发现,以往的经验是累加的知识和能力,具有记忆效应,可以加速组织演化。与此同时,相关学者还提出,组织的学习是随着时间推移而逐步实现的过程(Berends et al.,2003),知识和经验的积累需要一定时间的持续积累,可能存在学习循环框架(Argote & Miron-Spektor,2011),并伴随着其认识和行为的改变(Crossan. et al.,1995)。上述关系可以较明显地反映在上市企业中。上市时间越长,企业理解、学习和贯彻监管机构的制度体系与治理要求的机会也就越多,因此也更能通过双环学习的机会,准确理解资本市场和利益相关方对企业社会责任信息披露的要求。特别是在外部诉求不断涌现、政策变动较为密集的背景下,应对包括企业社会责任在内的公司经营风险,越来越依赖上市企业完善的知识储备和丰富的管理经验,需要其积累起较为成熟的风险应对体系和问题处置能力。特别是互联网平台上市企业,考虑到其动态复杂的外部环境,以及多边主体良性互动的商业形态(Evans,2003),其应对复杂局面的能力迫切需要研究者和监管方关注其知识管理架构和风险应对流程。同时,互联网平台社会责任风险存在网络效应,这对平台企业发现、处理道德合法性危机的敏捷性提出了要求。可以想象,上市时间越长,互联网平台企业经历或见证的危机事件也就越多,获取、储备和优化企业社会责任知识和经验的条件也就越成熟,企业就越有可能主动、灵活地应对制度压力,利用技术和制度手段减少企业社会责任风险。

3. 所有权结构

公司治理的核心是通过结构设计和制度安排来协调公司与利益相关者的关系(徐鹏等,2019)。学术界普遍认为,如果企业可以实现基于产权的内部治理和基于市场的外部治理的联动(Walsh & Seward,1990),企业的决策将更加理性,企业也就更能实现可持续发展。所有权结构,特别是大股东的持股比例,是影响企业治理的重要因素(徐鹏等,2019),直接关系到企业控制权的分配和战略目标的确定(汤志强,2016),通常用股权集中度或大股东持股比例等指标来反映(范玉仙和张占军,2020)。一般而言,大股东持股比例越高,其与企业利益的一致性、战略定力和长期导向也越强,也就越可能倾听利益相关者的诉求,提高社会责任管理能力,尽力减少影响企业未来价值的社会责任风险(Miller,2007;Qu,2007);与此同时我们还可以想象,当大股东持股比例较高时,其话语权和控制力也较强,更有利于推动企业社会责任战略。我们发现,已有研究在很大程度上支持了这些观点。例如:于晓强和刘善存(2012)提出,大股东持股比例越高的上市企业,其信息披露违规概率越小;冯晓晴等(2020)通过实证研究发现,大股东持股比例之和越高,企业社会责任绩效越好。对于互联网平台企业而言,社会责任的落地需要使命战略、业务运营及企业管理的全方位投入,尤其是需要将负责任的价值理念和标准根植于算法决策过程中(肖红军,2022)。此外,结合互联网平台企业上市前往往需要吸收多轮融资,股东之间的利益诉求并不完全一致的现实,我们进一步认为,第一大股东的占比将在企业长短期目标的平衡以及利益相关者战略(社会责任投资)中起到决定性作用。

4. 制度环境

制度理论强调组织在环境中的嵌入性和合法性,制度环境中的规制、规范和认知压力会深刻影响企业的行为和绩效。受上述机制影响,回应外部制度压力是企业开展社会责任行动的重要动机(Meyer & Rowan, 1977;Suchman,1995)。正如 Epstein & Freedman (1994)所关注的,严格的制度环境使得披露经营信息的企业数量增加。沈洪涛等(2014)也提出,在中国产业环境中,严格的法律制度可以迫使企业规范披露产品信息、严格按照国家标准提供服务,从而使企业的社会责任风险处于较低水平。对于上市企业而言,鉴于其公众特征和受强监管影响,我们可以想象,在企业社会责任制度环境相对健全、社会责任管理要求相对完善的国家和地区,企业进行社会责任风险管控和社会责任信息披露的可能性也较大(Denis,2003;刘建红等,2004;喻昊,2006)。例如从发布 ESG 报告的情况来看,不少资本市场发展较为成熟、制度体系较为完善的国家(如美国)和地区(如中国香港),其企业社会责任和 ESG 制度建设与宣传引导工作起步较早(冯桂林等,

2020),已向上市企业传递了较为明确的信号①,上市企业的响应度相对较高,但对于在中国内地上市的企业,其受到的规制压力仍不够明确,同行间的认知压力尚未形成(刘华等,2016),因而存在披露数量较少、披露质量较低、总体风险较高等现象。对此汤晓建(2016)指出,香港属于强制度环境,内地属于弱制度环境,两个地区的企业社会责任进程存在差异。香港依托 ESG 指引,强制在香港上市的企业披露 ESG 信息;内地法律制度建设还需完善,在内地(沪深两地)上市企业的企业社会责任信息披露的数量和质量还有进步空间。具体而言,内地对于平台经济、共享经济等新经济形态采取包容审慎的监管理念,但随着平台经济体量骤增,部分互联网平台企业展现出价值偏离、责任违背的趋势,监管过程中的包容与审慎权重分配、监管内容范围等需进一步明确(钱贵明等,2022)。基于上述分析,我们认为,对于发展时间不长、社会责任管理经验相对不足的互联网平台企业,上市地(制度环境)的差异将对其社会责任风险管控水平产生较为显著的影响。

5. 竞争压力

竞争是市场经济环境下企业面临的基本问题,建立在理论模型上的企业管理问题都需要在实际竞争环境中进行检验,已有许多学者对此进行了分析。例如:Bimbaum(1984)研究发现,竞争的不确定性越强,企业战略的冒险性越弱;Bimbaum(1984)和 Kim et al.(1999)也提出,企业在竞争压力增大的情况下倾向于采取风险小、相对保守的集中战略。以上研究都反映了 Aghion & Griffith(2005)提出的租金耗散效应(rent dissipation effect)和 Clarkson(2014)提到的成本竞争优

---

　　①　根据社会价值投资联盟(深圳)《2020 全球 ESG 政策法规研究》等资料,各个国家或地区都参与了 ESG 信息披露制度建设。欧盟陆续修订多项法律,推动了可持续金融实践;美国 ESG 信息披露制度从商业化思维向绿色发展思维转变,推进了企业的可持续发展;我国香港地区 ESG 信息披露制度则彰显了企业价值增长方式。

势假说,也能够反映在企业对社会责任的态度上。也就是说,在产品市场竞争激烈的情况下,企业的经营风险增加,战略性企业社会责任带来的边际收益下降,因此企业较难将资源分配到环保和劳工等社会责任领域(李强,2015)。我们注意到,上述理论演绎已得到了部分实证研究的支持。例如:Bagnoli & Watts(2003)发现,市场竞争越激烈,企业对企业社会责任投入越少;周浩和汤丽荣(2015)的分析发现,激烈的市场竞争不利于企业进行员工领域的企业社会责任投资。与此同时我们还认为,当企业竞争压力增大时,管理者势必将精力聚焦于增加短期经济效益的决策、议题和行动中,因而可能会忽略需要长期投入的社会责任实践,这也符合注意力基础观(attention-based view)的思想。例如 Campbell(2007)发现,高竞争程度行业的企业社会责任水平总体较低,而 De La(2002)则为市场竞争正向影响企业社会责任的观点提供了反例。此外,第一,联系互联网平台经济的双边效应与网络效应,平台成长初期面临吸引客户、稳固客户的难题,相关企业提高销售费用在主营业务收入中的占比是行业常见现象(采用广告和补贴等策略);第二,曲创和刘重阳(2019)通过案例研究发现,竞争可能会加剧平台的策略行为,例如通过平台包络战略实现生态化运营,以稳固市场地位(钱贵明等,2022)。根据上述分析,将竞争压力纳入条件变量进行分析具有十分显著的作用。

(三)研究方法

1. 研究方法

定性比较分析方法(QCA)是一种兼具定性与定量研究优势,为探索小样本情境开发的分析方法(Rihoux et al.,2008)。与传统线性方法不同,它不仅能揭露以往无法解释的案例特征,还能深入探索多种条件变量间组合关系对结果变量的影响(杜运周和贾良定,2017),提供殊途同归式理论模型(张明,2019)。其认识论认为,条件变量间可能有潜在关联、因果关系多重并发和非对称性等特点(Ragin,2000)。由于存在不同组态路径构建的可能,借助核心条件间的异质性特征与条件组态间的细微差异(Ragin,2000),相关探索可以为理论创新提供有力支撑。也就是说,该方法相较传统的回归分析方法,在有效识别条件间的相互依赖性、组态等效性、因果非对称性等方面具有突出优势。结合以上特点,本书认为,定性比较分析方法能够为解释互联网平台企业社会责任风险的影响机制提供充足且必要的方法论支撑。在具体分析方法的选择上,考虑到二分式清晰集(csQCA)和多值式模糊集(mvQCA)对样本细微差异的深度发掘仍然不足,一定程度上存在结果暗示的可能(Schneider& Wagemann,2012),我们以模糊集定性比较分析法(fsQCA)作为核心策略。该方法源于集合论,遵循复杂性理论,以布尔代数(即集合隶属关系)为基础确定组合变量并取得了特定结果,具备检验复杂且非线性元素间相互作用的能力(Fiss,2011)。以上述方法论为基础,我们探索了资源条件、知识经验、所有权结构、制度环境和竞争压力等五个因素对互联网平台企业社会责任风险的影响机制。

2. 数据来源和操作定义

为了实现研究目标,我们选择已上市的且在国内开展经营活动的互联网平台企业作为研究对象,从而实现数据的可得性、样本的典型性以及研究结论的可对比性。具体筛选条件包括:第一,样本企业在2016—2020年在国内开展经营活动,且在前文所述相关交易所①上市。第二,样本企业符合本书第一章和第二章对互联网平台公司的定

---

① 这些交易所集聚了绝大部分在中国开展经营业务的互联网平台上市企业。

义,且上述产业特征或行业属性被监管机构、第三方分析机构和市场认可。第三,符合前两个条件的互联网平台企业在 2017—2019 年度发布过企业社会责任(可持续发展或 ESG)报告[①]。

在影响条件对应变量的具体操作过程中,我们采用不同来源的定量数据(见表 3-1)。首先,在结果变量上,采用 2017—2019 年度互联网平台企业社会责任风险数据(剔除了评估结果为 0 的样本),包含社会责任风险总分情况和分维度结果两种类型。其次,在条件变量上,我们基于相关文献进行了系统设计,并通过 Wind 数据库获取了较为可靠的二手数据:在资源条件方面,我们借鉴了 Preston(1997)、Waddock(1997)、Orlitzky(2003)和张兆国等(2013)的经验,将主营业务收入作为资源条件的具体操作变量;在知识经验方面,我们借鉴了 Argote & Miron-spektor(2011)、林斌和饶静(2009)的操作办法,将互联网平台企业的上市年限作为其操作变量;在所有权结构方面,我们借鉴了范玉仙和张占军(2020)、徐鹏(2019)以及 Miller & Guthrie(2007)等的操作思路,将第一大股东的占比作为其操作变量;在制度环境方面,我们借鉴了汤晓建(2016)、Qu(2007)和 Hess(2008)的研究思路,以互联网平台企业的上市地作为操作变量;在竞争压力方面,我们参考了周浩和汤丽荣(2016)、李强和冯波(2015)的研究思路,将销售费用占主营业务收入的比重作为操作变量。

---

① 在本书第三章样本筛选的基础上,我们剔除了非上市(退市)企业以及 2017—2019 年度未发布企业社会责任(可持续发展或 ESG)报告的企业。

表 3-1　主要变量的描述性统计结果

变量名称	平均值	标准差	最小值	最大值
企业社会责任总体风险得分率	0.3267	0.1396	0.09	0.60
产品责任与客户权益保护风险得分率	0.2200	0.1212	0.06	0.48
供应链审核与平台管理风险得分率	0.1717	0.1014	0.03	0.36
数据安全与隐私保护风险得分率	0.2239	0.1683	0	0.58
诚信运营与公平竞争风险得分率	0.2067	0.1500	0	0.48
员工权益保障风险得分率	0.3144	0.1384	0.08	0.64
资源节约与环境保护风险得分率	0.3339	0.2061	0	0.69
社区与公益风险得分率	0.4428	0.2334	0.03	0.89
主营业务收入（原值取自然对数）	10.2056	0.9270	8.80	11.60
上市年限/年	10.5000	8.2680	1.00	28.00
股东持股比例	0.2978	0.1523	0.11	0.59
上市地（1 或 0）	0.7222	0.4479	0	1.00
销售费用占比	0.1367	0.1116	0	0.39

3. 变量校准

我们基于 Ragin（2008）提出的分析过程，运用 fsQCA3.0 软件进行变量校准工作，将模糊集变量原值转化为集合隶属分数（Schneider & Wagemann，2012；Ragin，2000）。我们参考 Ragin（2008）和 Fiss（2011）所提出的校准原则，摒弃了利用样本中近似的原始数值或算术平均值（中值）作为锚点的方法；基于杜运周和贾良定（2017）提出的思路，利用实际经验和理论知识对隶属分数进行模糊集校准。该项工作需要设定完全隶属（最大模糊集）、交叉点、完全不隶属（最小模糊集）三个锚点，并利用 fsQCA3.0 软件将原有集合转化为隶属度介于 0 和1 间的校准表（Ragin，2000）。为了确保校准后得到的隶属分数表有效可靠，我们参考了张明和杜运周（2019）、Mendel（2012）、Schneider & Wagemann（2012）以及 Fiss（2011）等的方法，除将上市地作为一个

二分条件外(境外上市赋值为 1,否则赋值为 0),其余变量均以四分位
点作为校准所需锚点(见表 3-2)。值得说明的是,进行校准的结果变
量既包括企业社会责任总体风险评分,还包括产品责任与客户权益保
护风险等七个维度的社会责任风险评分。

表 3-2　结果变量和条件变量的校准

变量		校准		
		完全隶属	交叉点	完全不隶属
结果变量	企业社会责任总体风险得分率	0.3775	0.3250	0.2150
	产品责任与客户权益保护风险得分率	0.2651	0.2275	0.1515
	供应链审核与平台管理风险得分率	0.2651	0.1515	0.0909
	数据安全与隐私保护风险得分率	0.3485	0.1818	0.0985
	诚信运营与公平竞争风险得分率	0.3485	0.1515	0.0909
	员工权益保障风险得分率	0.3611	0.3195	0.2083
	资源节约与环境保护风险得分率	0.4792	0.2778	0.1736
	社区与公益风险得分率	0.5903	0.4306	0.2292
条件变量	主营业务收入(原值取自然对数)	10.9000	10.2000	9.4000
	上市年限/年	15.7500	8.0000	5.0000
	股东持股比例	0.4200	0.4257	0.1838
	上市地(1 或 0)	1.0000	——	0.0000
	销售费用占比	0.0475	0.1100	0.1875

4. 条件检验与超集/子集分析

根据研究方法惯例,我们还对校准所得的隶属分数与其原值进行
了散点图绘制,其结果均符合 Ragin(2008)提出的分布特征。进一步,
我们对八个结果变量分别进行超集/子集分析,均未发现覆盖率高于
0.90 的组态条件(Ragin,2008),因此认为本书不存在具备充分性特
征的条件变量。

(四)数据分析

1. 单一条件的必要性分析

按照 fsQCA 的基本分析流程,我们在取得各个变量的模糊集隶属分数后,首先考虑了单一条件及其非集是否构成结果变量的必要条件这一问题。我们依据 Ragin(2008)的建议,将一致性阈值设定为0.90。一般认为,当必要性分析的一致性高于0.90时,应当将该条件作为必然因素(潘燕萍,2020;周新,2020),并对其余变量重新进行分析(张明和杜运周,2019;Ragin,2008)。但在本书中,我们并未发现任一条件变量一致性达到0.90(见表3-3)。因此,前文所述的五个条件变量及其非集均无法单独成为低(高)企业社会责任风险的必要条件。

表 3-3　单一条件必要性分析结果

条件变量	企业社会责任总体风险评分		条件变量	企业社会责任总体风险评分	
	一致性	覆盖度		一致性	覆盖度
主营业务收入*	0.7831	0.8105	主营业务收入**	0.2878	0.3067
上市年限*	0.7122	0.7771	上市年限**	0.4053	0.4101
股东持股比例*	0.4455	0.4884	股东持股比例**	0.6899	0.6951
上市地*	0.7238	0.5262	上市地**	0.2762	0.5220
销售费用占比*	0.4656	0.4927	销售费用占比**	0.6201	0.6461

注:*表示条件存在,**表示条件缺席。

2. 组态条件的充分性分析

组态条件的充分性分析与单一条件必要性分析不同,该分析过程探索了各个条件变量组合所代表的集合是否为结果集合子集。在这一阶段,需要确定案例频数阈值和一致性阈值,以便在构建真值表后展开布尔最小化运算。在频数阈值方面,依照本书的样本规模,我们借鉴杜运周和贾良定(2017)、Schneider & Wagemann(2012)、Fiss

(2011)等,将其设定为1。在一致性阈值方面,在吸收大量同类研究方法已有经验(潘燕萍,2020;周新,2020;秦梓涛,2020,冯旭和王凡,2020)的基础上,立足本书为中小样本的实际,我们参考 Mendel(2012)、Schneider & Wagemann(2012)、Ragin(2008)等的建议,将各结果变量所对应真值表的一致性阈值设定为 0.80。由于已有研究尚未对何种组态条件能够有效降低互联网平台企业社会责任风险做出理论或实证分析,我们依照 Fiss(2011)提出的操作方法,将分析所得的中间解与简约解进行对照。

根据 Fiss(2011)的建议,我们采用实心圆表示条件变量出现,用双空心圆表示条件变量不出现。其中,大圈表示核心条件,小圈表示辅助条件,空缺则表示该条件模糊(可能存在也可能不存在),研究结果如表 3-4 所示。

表 3-4　形成低企业社会责任风险的组态路径

条件变量	路径 1-1	路径 1-2a	路径 1-2b	路径 1-3
上市地	●	●	◎	●
上市年限	●	●	●	◎
主营业务收入	●	●	◎	●
销售费用占比	◎		◎	●
股东持股比例		●	●	◎
一致性	0.9614	0.9772	0.8611	0.9660
原始覆盖度	0.3429	0.2265	0.0656	0.1503
唯一覆盖度	0.1725	0.0603	0.0656	0.1228
总体解的一致性	0.9588			
总体解的覆盖度	0.5915			

注:●表示核心条件变量出现,●表示辅助条件变量出现;◎表示核心条件变量不出现,◎表示辅助条件变量不出现。

由表 3-4 可以发现,fsQCA 共呈现四种组态,其中,路径 1-2a 与路径 1-2b 核心条件相同,仅在辅助条件上有所差异,且总体评估指标均优于既定标准。例如:在一致性方面,各组态的一致性与总体解的一致性明显高于 0.80;同时,总体解的覆盖率接近 0.60。因此,该组态结果可以视为互联网平台企业低社会责任风险的充分条件组合。从前文所述的影响因素(横向)来看,上市年限、主营业务收入、销售费用占比、股东持股比例等四项因素均可能是某种条件组态的核心要素,上市地的差异同样作为辅助条件在组态中发挥作用,这在一定程度上印证了我们的理论预想。但值得注意的是,并不存在一个在各个组态中均为必要或不必要的条件变量,互联网平台企业社会责任风险有着较为复杂的发生机制。从组态路径结果(纵向)来看,路径 1-1 的原始覆盖度(0.3429)与唯一覆盖度(0.1725)均最高,覆盖两项特征案例;路径 1-2a 的组内一致性(0.9772)最高,原始覆盖度与路径 1-1 较为接近,同样覆盖两项特征案例。路径 1-2b 与路径 1-3 一致性仍高于一般水平,虽然原始覆盖度与唯一覆盖度相对较低,但仍然各显示一项特征案例。总体而言,各个组态路径均有高于一般水平的组内一致性(0.80),这意味着组内各样本的行为路径具有较高的相似度。鉴于表3-4 展现出的复杂影响关系以及丰富的理论内涵,本书将在后文进行深入讨论和阐释。

3. 稳健性检验

与传统回归分析方法相似,fsQCA 同样需要进行稳健性检验;但就文献检索来看,其操作方法和具体程序尚未统一。我们认为,Skaaning(2011)等提出的改变频数阈值的方法值得重视,即在原一致性阈值基础上向上调整 0.05 进行检验(罗顺均,2020;张明和杜运周,2019)。我们将一致性水平由 0.85 调整为 0.90,提高了案例样本的入选门槛。经检验,组态路径与表 3-4 几乎完全一致。

　　在此基础上,我们还对结果变量进行了反向分析,即探索了非低(高)企业社会风险的成因,以期从另一种视角探究互联网平台企业社会责任风险的形成机制。通过 fsQCA,我们得到表 3-5 显示的四个组态,其总体解一致性(0.9134)高于常规标准,其覆盖度(0.6538)也与同类研究结果相近。进一步,我们可以从影响因素(横向)看出,主营业务收入的核心非集作为一个必要的影响因素在组态中发挥作用,这也与表 3-4 的结果总体相呼应。而从组态结果(纵向)我们更可以欣喜地观察到,表 3-5 与表 3-4 实现了较好的关联。例如,路径 2-1a 可以与路径 1-1 相对应,路径 2-1b 可以与路径 1-2a 和 1-2b 所对应,路径 2-2a 和路径 2-2b 则可以与路径 1-3 所对应。企业社会责任风险较低的形成机制得到了企业社会责任风险较高的反向过程的验证。之后,我们还可以从表 3-5 表现出的各组内较高的一致性(高于 0.85)的结果中认识到,与较低企业社会责任风险的企业组态相似,较高企业社

表 3-5　形成非低(高)企业社会责任风险的组态路径

条件变量	路径 2-1a	路径 2-1b	路径 2-2a	路径 2-2b
上市地	●		◎	●
上市年限	◎	◎	●	◎
主营业务收入	◎	◎	◎	◎
销售费用占比	◎	◎		
股东持股比例		●	●	●
一致性	0.8706	0.9722	0.9861	0.9847
原始覆盖度	0.3462	0.4912	0.0830	0.3754
唯一覆盖度	0.0468	0.1485	0.0400	0.0760
总体解的一致性	0.9134			
总体解的覆盖度	0.6538			

　　注:●表示核心条件变量出现,●表示辅助条件变量出现;◎表示核心条件变量不出现,◎表示辅助条件变量不出现。

会责任风险的企业间拥有较为相似的内在机理,我们将在下文对此进行更充分的论述。

4. 基于企业社会责任细分维度的进一步探索

在对互联网平台企业社会责任总体风险形成机制的探索基础上,本书以第二章形成的七个维度为对象,进一步探索了较低企业社会责任风险的形成机理。其分析方法与组态路径表述方式与前文一致。

（1）产品责任与客户权益保护

互联网平台具备聚合性和准公共产品的特征,因此作为产品责任与客户权益保护的履责主体,平台权力的大小决定了其履责内容的边界（肖红军,2020;阳镇,2018;Davis,1960）。在产品责任与客户权益保护维度,fsQCA 解析了三种组态路径。从表 3-6 可以看出,其总体评估指标同样高于既定标准,总体解的一致性达到 0.9354,覆盖度达到 0.5650。从影响因素（横向）看,主营业务收入这一因素在互联网平台企业承担产品责任与实现客户权益保护的活动中发挥着重要影响,而其他四个条件也在不同组态中发挥着不同的作用。从组态结果（纵向）看,三种组态路径均有着较高的组内一致性（都高于 0.90）和原始覆盖度（都高于 0.15）。更重要的是,产品责任与客户权益保护维度体现的组态特征和企业社会责任总体风险的组态路径也较为接近。例如:路径 D1-1 与表 3-4 的路径 1-1 相对应,具有两项特征案例;路径 D1-2 与表 3-4 的路径 1-2a 相对应,虽然组内一致性较表 3-4 稍低,但同样具有两项特征案例;路径 D1-3 与路径 1-3 对应。

表 3-6　形成产品责任与客户权益保护维度低企业社会责任风险的组态路径

条件变量	路径 D1-1	路径 D1-2	路径 D1-3
上市地	●	●	●
上市年限	●	●	◎
主营业务收入	●	●	●
销售费用占比	◎		●
股东持股比例		●	◎
一致性	0.9050	0.9863	0.9864
原始覆盖度	0.3605	0.2553	0.1714
唯一覆盖度	0.1678	0.0674	0.1371
总体解的一致性	0.9354		
总体解的覆盖度	0.5650		

注:●表示核心条件变量出现,●表示辅助条件变量出现;◎表示核心条件变量不出现,◎表示辅助条件变量不出现。

(2)供应链审核与平台管理

在企业社会责任的实现过程中,供应链审核与平台管理是不可或缺的一部分,也是有效降低企业社会责任风险的重要一步。理论上,互联网平台企业实现网络化治理的基础是供应链治理(阳镇,2018)。如表 3-7 所示,fsQCA 共涌现了三种组态路径,且其总体评估指标仍高于既定标准。从影响因素(横向)来看,并不存在对本维度结果产生必然影响的条件变量,每个条件变量均在不同组态中发挥一定的作用。从组态结果(纵向)看,三种组态路径的一致性水平相较表 3-4 有一定程度的下降,这一点也与总体评估指标展示的信息相吻合,但值得注意的是,此处各项参数指标仍优于一般标准(总体解一致性为0.8594,覆盖度为 0.5643)。组态路径 D2-2 表现出了较高的组内一致性(0.9956)与原始覆盖度(0.2629)。供应链审核与平台管理维度体现的组态特征与企业社会责任总体风险的组态路径也较为接近,我们发现,路径 D2-1 和 D2-3 分别与表 3-4 的路径 1-1 和路径 1-2b 所对应。

表 3-7　形成低供应链审核与平台管理维度企业社会责任风险的组态路径

条件变量	实现供应链审核与平台管理(维度 D2)		
	路径 D2-1	路径 D2-2	路径 D2-3
上市地	●	●	◎
上市年限	●		●
主营业务收入	●	●	◎
销售费用占比	◎	●	◎
股东持股比例		◎	●
一致性	0.8071	0.9956	0.8194
原始覆盖度	0.3178	0.2629	0.0689
唯一覆盖度	0.2325	0.1776	0.0689
总体解的一致性	0.8594		
总体解的覆盖度	0.5643		

注:●表示核心条件变量出现,•表示辅助条件变量出现;◎表示核心条件变量不出现,◦表示辅助条件变量不出现。

(3)数据安全与隐私保护

鉴于互联网平台企业"拥有海量数据且隐藏于内部"和"数据资产化能力强"的特征,我们认为,确保数据安全与实现隐私保护是其履行社会责任实现的重要方面,而数智化重塑的经济形态使得个体的隐私受到全面挑战(阳镇,2020),平台企业在该维度的风险在很大程度上决定了其未来的发展优势(何大安和许一帆,2020)。形成低数据安全与隐私保护维度责任风险的组态路径如表 3-8 所示。在这一维度中,其总体一致性(0.8618)与覆盖度(0.6502)较表 3-4 有所提升,从影响因素(横向)看,互联网平台企业的上市地作为一种必然的辅助条件存在于各组。从组态结果(纵向)看,各组一致性与原始覆盖度均处于较

高水平,在一定程度上反映了相关路径的有效度。其中,路径 D3-1a、
D3-1b、D3-2a 展现了不同的行动范式,而路径 D3-2b 则可以与影响总
体风险的路径 1-1 相呼应。

表 3-8   形成数据安全与隐私保护维度低企业社会责任风险的组态路径

条件变量	路径 D3-1a	路径 D3-1b	路径 D3-2a	路径 D3-2b
上市地	●	●	●	●
上市年限	◎	◎		●
主营业务收入		●	●	●
销售费用占比	●		◎	◎
股东持股比例	◎	◎	◎	
一致性	0.9110	0.9088	0.8257	0.9050
原始覆盖度	0.2410	0.3016	0.3823	0.3419
唯一覆盖度	0.0774	0.0000	0.0448	0.1020
总体解的一致性	0.8618			
总体解的覆盖度	0.6502			

注:●表示核心条件变量出现,●表示辅助条件变量出现;◎表示核心条件变量不出
现,◎表示辅助条件变量不出现。

(4)诚信运营与公平竞争

互联网平台企业具有经济与社会双重属性,其经济目标的实现需
要依托其社会属性的实现,而社会属性又需要以经济基础为依托(肖
红军和李平,2019)。在数智化经济背景下,交易双方(或多方)的信息
更为透明,但其交换过程又由于技术壁垒和商业模式而日渐模糊(阳
镇,2020),在创造便利的同时也产生了对利益相关者的潜在伤害(沈
伟伟,2019;Bontis et al.,2007)。因此,诚信运营与公平竞争的实现
具有深远的社会意义。在表 3-9 所示的两种组态路径中我们可以看
到,总体解具有较高的一致性(0.9033),而覆盖度(0.4410)的下降也
在可接受范围内。从组间对比的角度看,路径 D4-1 与路径 D4-2 分别

与影响总体社会责任风险的路径 1-1 和路径 1-3 相对应。值得注意的是,路径 D4-1 具有较高的原始覆盖度(0.3165),这意味着该组态的行为范式可在一定范围内被企业所模仿;路径 D4-2 则具有极高的组内一致性(0.9932),反映了符合其阶段特征的企业行为具有极高的相似度。

表 3-9　形成企业诚信运营与公平竞争维度低企业社会责任风险的组态路径

条件变量	路径 D4-1	路径 D4-2
上市地点	●	●
上市年限	●	◎
主营业务收入	●	●
销售费用占比	◎	●
股东持股比例		◎
一致性	0.8754	0.9932
原始覆盖度	0.3165	0.1567
唯一覆盖度	0.2843	0.1245
总体解的一致性	0.9053	
总体解的覆盖度	0.4410	

注:●表示核心条件变量出现,●表示辅助条件变量出现;◎表示核心条件变量不出现,◎表示辅助条件变量不出现。

(5)员工权益保障

员工是互联网平台企业的数智型基因和综合竞争力的根本源泉,而传统资本与智力资本的分配矛盾在互联网平台企业中体现得尤为明显,并处于动态演化过程中(王林辉等,2020)。因此,互联网平台企业社会责任风险的重要落脚点和分析切入点在于员工权益保障维度。基于 fsQCA,我们得到如表 3-10 所示的四种导致低员工权益保障维度责任风险的组态路径。从总体角度看,覆盖度(0.5910)与总绩效覆盖度(0.5915)相近,一致性表现高于常规标准(0.80)。虽然该维度的组态路径与社会责任总体风险的组态路径有所差异,但部分组态具有极高的一致性(路径 D5-1 为 0.9738,路径 D5-3 为 0.9770),这代表着此类路径中的典型企业具有极为相似的整体条件。

表 3-10   形成员工权益保障维度低企业社会责任风险的组态路径

条件变量	路径 D5-1	路径 D5-2	路径 D5-3	路径 D5-4
上市地	◎	●	●	●
上市年限	●	●	●	◎
主营业务收入	○	●	●	◎
销售费用占比	○		●	●
股东持股比例		◎		●
一致性	0.9758	0.8617	0.9770	0.8476
原始覆盖度	0.1733	0.2616	0.1830	0.0958
唯一覆盖度	0.1733	0.1485	0.0700	0.0861
总体解的一致性	0.9089			
总体解的覆盖度	0.5910			

注:●表示核心条件变量出现,•表示辅助条件变量出现;◎表示核心条件变量不出现,○表示辅助条件变量不出现。

(6)资源节约与环境保护

随着环境保护全球认知度的提升,以碳管理为代表的资源节约与保护问题也给互联网平台企业带来了机遇与挑战(袁广达等,2021;阳镇,2020),在维护社会价值的基础上实现经济价值,进而将该范式演化为整体治理的有机体,是其履行社会责任的重要途径。如表 3-11 所示,在资源节约与环境保护维度的组态效应中,存在三种组态路径,且在总体特征上依然保持着较高的一致性(0.9628)与覆盖度(0.5840)。我们可以看到,上市地这一条件变量应当作为一项重要的影响因素予以考虑。从组态结果(纵向)看,路径 D6-2 与影响社会责任总体风险的路径 1-3 有着较好的对应关系。同时,本维度的三种路径均有着高度的组内一致性(均高于 0.90)与原始覆盖度(基本达到 0.20 及以上)。这意味着,在该维度风险控制较好的互联网平台企业的行为模式主要集中于此。

表 3-11　形成资源节约与环境保护维度低企业社会责任风险的组态路径

条件变量	路径 D6-1a	路径 D6-1b	路径 D6-2
上市地	●	●	●
上市年限		●	●
主营业务收入	●	●	
销售费用占比	●	●	◎
股东持股比例	◎		◎
一致性	0.9248	0.9943	0.9875
原始覆盖度	0.2356	0.1950	0.3563
唯一覆盖度	0.1139	0.0733	0.2751
总体解的一致性	0.9628		
总体解的覆盖度	0.5840		

注:●表示核心条件变量出现,●表示辅助条件变量出现;◎表示核心条件变量不出现,◎表示辅助条件变量不出现。

(7)社区与公益

作为与社会生活和经济发展联系异常紧密的市场主体,互联网平台企业在社区与公益维度总体展现出较高的水平。通过 fsQCA,我们注意到,该维度的四项组态均呈现出较高的组内一致性、总体解的一致性和总体解的覆盖度,且其组态影响因素与影响企业社会责任总体风险的组态路径完全一致(见图 3-12)。

表 3-12　形成社区与公益维度低企业社会责任风险的组态路径

前因条件	路径 D7-1	路径 D7-2a	路径 D7-2b	路径 D7-3
上市地	●	●	◎	●
上市年限	●	◎	●	●
主营业务收入	●	●	◎	●
销售费用占比	◎	●	◎	
股东持股比例		◎	●	●
一致性	0.9525	0.9864	0.9028	0.9954
原始覆盖度	0.3591	0.1599	0.0717	0.2404
唯一覆盖度	0.1720	0.1289	0.0717	0.0628
总体解的一致性	0.9588			
总体解的覆盖度	0.6163			

注：●表示核心条件变量出现，•表示辅助条件变量出现；◎表示核心条件变量不出现，◎表示辅助条件变量不出现。

(五)讨　论

正如我们在本部分所表示的，互联网平台企业在实践中展现了多种驱动企业形成低社会责任风险的条件组合，这也符合 Ragin(2000)提出的殊途同归的观点。为进一步深入解析 fsQCA 的结果，我们参考同类研究的分析惯例(杜运周等，2020)，将相同的条件变量作为分类依据进行命名。在此过程中，我们还基于前文提出的分析框架和理论基础，开展了逻辑印证和机理解析。

1. 资源经验兼备型

我们发现，路径 1-1 展现了三个核心条件，即同时具备较好的资源条件(主营业务收入绝对值较大)、较丰富的知识经验(上市年限较长)以及较为激烈的市场竞争环境(销售费用占比较高)。基于企业社会责任影响因素研究中的资源基础观和管理经验视角,我们将其命名为资源经验兼备型。也就是说,即使企业面临较为激烈的市场竞争,只要经验和资源两个条件同时具备,互联网平台企业也会形成控制社会责任风险的意识和行动,且上述模式在前文所述 B 类和 C 类上市公司中具有更大的可能性。

同时,结合分维度企业社会责任风险影响机制,对企业社会责任总体情况而言,具有上述特征的互联网平台企业,还可能在产品责任与客户权益保护(路径 D1-1)、供应链审核与平台管理(路径 D2-1)、数据安全与隐私保护(路径 D3-2a、路径 D3-2b)、诚信运营与公平竞争(路径 D4-1)、员工权益保障(路径 D5-2)、社区与公益(路径 D7-1)等六个维度展现出较低的社会责任风险。更值得欣慰的是,上述结论还可以从稳健性检验的反向分析中得以印证,即当经验和资源缺失时,容易产生较高的总体企业社会责任风险。

对此,分析企业社会责任的具体标准,感知包括客户、供应商和合作伙伴等利益相关方在内的潜在诉求,反思企业社会责任风险和企业持续经营具有重要意义;同时,为控制企业社会责任风险的内部架构和流程做好准备(Hörisch et al., 2015)。相关结论表明,丰富的资源是企业开展企业社会责任风险防控的重要基础(Preston,1997;Orlitzky,2003),相对充足的现金流将保证上述理念得到相对完整的落实。例如:该特征案例覆盖的百度和腾讯两家头部企业,资源基础相对较好,在落实员工权益保障以及加强社区关系建设方面具有较好的成效;京东、美团等互联网平台企业则在基于技术创新增强用户隐私保护方面颇有建树。

值得注意的是,与以往研究不同的是,本书中的经验和资源是协同作用的,而且融合了理论预期中行业竞争程度的反向逻辑。也就是说,针对互联网平台企业,基于差异化策略或同行模仿效应,激烈的市场竞争可以与丰富的行业经验和相对充足的资源形成协同效应,共同驱动形成较低的企业社会责任风险。

上述结果既从互联网平台公司履行社会责任的视角,为 Hörisch et al.(2015)所提出的知识基础能促进企业持续管理提供了经验证据,也呼应了张兆国等(2013)提出的财务和资源基础对企业社会责任绩效产生正向影响的结论,还为行业竞争与企业社会责任履行的研究提供了新的分析思路(Bagnoli ＆Watts,2003;Campbell,2007)。对此,可得:

命题一:广义概念的资源基础,是互联网平台企业实现较低企业社会责任风险的第一个关键点。

2. 股东长期导向型

尽管路径 1-2a 与路径 1-2b 在资源条件(主营业务收入)和制度环境(上市地)上有所差异,但均体现了丰富的知识经验(上市年限)和较为一致的所有权结构(股东持股比例高)两个核心条件,因此我们将上述两种路径归为一类,命名为股东长期导向型。与资源经验兼备型强调资源和能力的视角不同,本类型凸显了部分互联网平台企业的长期战略导向和可持续发展意识,其较低的企业社会责任风险是所有权结构和企业发展阶段等因素协同影响的自然反应。我们认识到,互联网平台企业往往需要通过流量效应和补贴策略获得市场认知,造成较为复杂的融资结构,拥有短期赢利和变现的压力,进而也可能对其行为结果特别是具有较强赢利滞后效应的企业社会责任产生深刻影响。而从结果中我们可以认识到,当互联网平台企业已经具有一定的上市年限且其股东持股比例较高时,可以认为其已在战略上形成较为稳定的发展格局,表现出坚持既定战略、投资责任议题、面向未来发展的局面,展现出愿意为了长期回报而做好各项基础性工作的面貌。且上述战略定力并不必然伴随领先的赢利水平,这在两个路径中涌现的网易和腾讯等现实案例中可见一斑。

此外,在路径 1-2a 和 1-2b 的辅助条件对比中,我们还发现,上述共性因素之外的辅助因素,还具有制度环境影响下的有趣差异。如路径 1-2a 所示,在境外上市的股东长期导向型企业,可能由于更激烈的市场竞争,且依托于一定的资源基础,实现较低的社会责任风险;如路径 1-2b 所示,在境内上市的股东长期导向型企业,即使面临较为激烈的市场竞争(销售费用占比较高),甚至在资源条件并不充分的条件下(主营业务收入排名靠后),只要具备核心条件,也可能实现较低的社会责任风险。[①] 更进一步,我们还发现,具有上述特征的互联网平台企业,还可能在产品责任与客户权益保护(D1-2)、供应链审核与平台管理(D2-3)、员工权益保障(D5-3)、社区与公益(D7-2a、D7-2b)等维度展现出较低的社会责任风险。

上述研究结论,与冯丽丽等(2011)所得出的"股权集中度高的上市企业对社会责任的履行程度显著高于股权集中度低的上市企业结论相符,也与冯晓晴等(2020)通过实证研究所发现的"大股东持股比例越高,企业社会责任绩效越好"的观点相似。基于上述分析,可得:

命题二:合适的内部治理结构和战略定位,是互联网平台企业实现较低企业社会责任风险的第二个关键点。

3. 新型优势创新型

在对表 3-4 所示的组态 1-3 的分析中,我们发现了另一种驱动互联网平台企业形成较低社会责任风险的类型。其典型特征是,企业上市年限不长,但已拥有较为充沛的正现金流;更有意思的是,该类型的企业面临的竞争压力比资源经验兼备型企业要小(销售费用占比不高)。可以认为,具备该组态特征的上市公司,拥有较为特殊的产品/

---

① 其原因可能与日益增强的针对互联网平台企业的监管意识和监管体系有关。

服务优势,或具有与众不同的差异化定位。同时,我们在该组态中也发现,此类型企业在境外上市更为普遍,且依托成熟的资本市场吸收了较多的投资者(股东持股比例不高)。结合上述因素,我们将其命名为新型优势创新型。可以想象,相比前两种类型企业,新型优势创新型企业具有更为典型的互联网特征,其典型代表为美团。美团凭借较为独特的商业模式和供应链网络迅速崛起,在获得市场优势的同时,形成了相对较高的社会责任风险水平。[①] 我们认为,上述结论在一定程度上验证了郭岚等(2016)提出的在竞争较为缓和的行业,企业或将社会责任作为获取更多异质性资源的途径的观点,也与马虹等(2014)基于博弈论提出的当企业间产品差异度足够高时,主动履行社会责任是占优策略的思路基本相同。

我们认为,如果将资源经验兼备型企业比喻为资源和经验丰富的业界大佬,将股东长期导向型企业比喻为头脑清晰的稳健创业者,则新型优势创新型企业可以形容为具有新型基因的行业新贵。不难想象,新型优势创新型的上市企业,首先将利用其建构的竞争优势和资源基础迅速开展防控企业社会责任风险的系列行动,其次也将紧密结合其上市时间相对较晚而具有后入者劣势的特征,迅速实施制度环境分析和潜在风险消除,寄希望于短期内迅速被制度环境和行业所认可,展示出较强的迭代更新的学习特征和螺旋上升的发展意识。进一步,我们基于分维度的变量分析结果也发现,具有上述特征的互联网平台企业,还可能在产品责任与客户权益保护(路径 D1-3)、供应链审核与平台管理(路径 D2-3)、数据安全与隐私保护(路径 D3-1a、路径 D3-1b)、资源节约与环境保护(路径 D6-1a、路径 D6-2)以及社区与公益(路径 D7-3)等五个维度展现出较低的社会责任风险。当然,我们

---

① 当然,美团在市场竞争过程中,也暴露了"二选一"等涉嫌垄断或违反公平竞争原则的社会责任风险。总体而言,美团展现出了相对较高的企业社会责任风险水平。

也发现,此类型的企业相对最少,说明在短期内就兼备行业竞争优势
和企业社会责任风控能力的企业仍然十分少见。更多的新型互联网
创业组织仍需要经历企业社会责任管理水平逐步提升的普遍过程。
基于上述分析,可得:

　　命题三：创新理念和差异化创业战略,是互联网平台企业实
现较低企业社会责任风险的第三个关键点。

(六)结论、贡献与不足

1. 研究结论

在平台范式和平台经济不断发展的背景下,互联网平台企业社会
责任实践表现出与传统管道型企业完全不同的特征。既有助力经济
社会正向变革的优势,也有形成更大责任风险的威胁。然而,学术界
对于互联网平台企业社会责任风险的影响机制,尚无基于定量数据的
系统化解释框架,既缺乏对新情境下现实问题的可靠解析,也未对研
究议题开展融合多种理论和因素的耦合探索。我们基于定性定量混
合的研究策略,使用模糊集定性比较分析方法对互联网平台企业社会
责任风险的影响机制进行了深入分析,试图揭示多个因素发挥作用的
组态形式,并阐述内在驱动机理。

我们发现了三种有助于实现较低社会责任风险的组态:一是资源
经验兼备型。该类型企业通常具有较丰富的市场经验与经济资源基
础,但也承受了较大的竞争压力,同时,该类型企业也要满足上市地监
管机构的要求。二是股东长期导向型。该类型互联网平台企业的上
市年限与股东持股比例发挥了主导作用,上市地的不同与主营业务收
入的差异并未造成显著影响。三是新型优势创新型。该类型企业接
受市场评价时间较短,但基于其独特的竞争优势,具备了处理企业社

会责任风险的资源基础和市场认知。

我们发现,在实现较低企业社会责任风险的过程中,上述三种组态均有显著的作用。其中,经验资源兼备型企业占比最高,是主流模式;新型优势创新型特征的互联网平台企业最少。在此基础上,我们得到了以下观点:第一,以往研究所关注的资源依赖理论、制度基础观、知识基础观、行业竞争环境以及公司治理等视角均对互联网平台企业社会责任风险产生了重要影响,但并无必然发挥作用的特定条件,多种条件的协同影响是值得关注的常态。第二,在互联网情境下,应该更多关注知识经验、所有权结构以及竞争压力等较为隐性的企业社会责任关联因素,在这些条件协同作用下的资源经验助推、长期导向引领和创新优势应用,是平台经济环境的关键机制。第三,资源条件并非实现较低社会责任风险的必要条件,但较高社会责任风险仍与资源条件紧密关联,存在因果非对称特征;且上述机制在社会责任总体风险和分维度情境中有较强的一致性。

2. 研究贡献和管理启示

在数字化转型过程中,以互联网平台企业为代表的具备新型技术特征的商业组织逐渐成为影响市场竞争和人们生活的重要主体。然而,其双边性和新技术特征在吸引大量消费者与供应商的同时,也累积了大量社会责任风险。然而,学术界对互联网平台企业社会责任风险的分析仍然存在重视有余但深度不足的现象,特别是对其影响因素、发生机制缺乏理论和方法指导下的深度解构。已有的相关研究囿于数据的可得性和方法的适用性,实证研究非常欠缺。本书具有以下两点潜在贡献:第一,我们采用模糊集定性比较分析方法(fsQCA)基于上市企业的多重条件和2017—2019年度企业社会责任风险数据进行探索性研究,找到了对互联网平台企业社会责任风险产生影响的因素(或因素组合),回应了朱文忠和尚亚博(2020)等的呼吁。本书得到的形成机理改变了现有研究较多从理论辨析进行讨论的路径,得到了殊途同归式的(低/高)企业社会责任风险促发路径。第二,本书回应了互联网平台企业在不同情境下的社会责任与如何履责的问题(肖红军等,2020),在传统企业社会责任驱动机制或影响因素研究的基础上,找到了平台组织和平台经济背景下的新型策略,拓展了企业社会责任驱动机制的理论框架。本书对于政府制定助推互联网平台企业可持续发展的政策体系,对于平台企业根据自身特色找准社会责任风险优化路径,具有较强的理论指导和路径示范效应。

3. 研究不足

我们虽从实证的路径补充了互联网平台企业社会责任风险的影响因素和发生机制,但仍存在一定不足:首先,尽管我们尽可能开展了数据收集工作,但仍存在较大的数据缺失或样本不足问题,已有结论在更大样本下是否可靠,需要进一步检验;其次,本书对组态路径的探索虽有一定成效,但因缺乏合适的分析工具,尚未开展针对条件因素相互关系的量化分析;最后,在评估框架的广度和研究讨论的深度上,尽管已做出了一定的努力,但可能仍未完全解析实际场景的丰富内涵。因此,我们建议未来相关研究结合上述问题开展更为深入的探索。

二、基于网络医疗平台和医疗信息的场景化分析

在利用上市公司定量数据和 fsQCA 方法的一般性分析基础上,为了更深入地剖析公司内外部因素影响互联网平台企业社会责任风险的动力机制和形成过程,我们应用案例研究的模式,以网络平台医疗信息风险的形成过程为例,开展了具有产业基础的场景化解析。

(一)引　言

　　近年来,互联网技术迅速发展,网络平台逐渐成为患者获取医疗信息、进行病情沟通的重要载体,改变了传统的就医方式,逐步形成了网络医疗模式。2018 年,国家卫生健康委员会、国家中医药管理局陆续制定出台了《互联网诊疗管理办法(试行)》《互联网医院管理办法(试行)》《远程医疗服务管理规范(试行)》等,旨在大力推广和持续优化网络医疗模式,解决我国医疗资源不平衡问题,满足人们日益增加的高质量医疗需求。在此背景下,以好大夫在线、微医、新氧医美、春雨等为代表的第三方网络医疗平台蓬勃发展,且已经发挥了积极作用。例如,新冠疫情防控期间,网络医疗平台提供的防疫知识科普、疫情信息披露、在线问诊等服务在减少公众恐慌、分级诊疗等方面发挥了重要作用。

　　然而,伴随着网络医疗的普及,患者获取医疗信息越来越依赖网络渠道,逐渐产生了以网络平台为发生源的新型信息风险,成为我国医疗事业发展的新问题。例如,魏则西事件引发社会公众对网络医疗排名及网络平台医疗信息风险的反思。事实上,网络信息源的质量差异、互联网工具特性以及信息获取过程,都可能导致网络医疗信息的潜在重大风险,从而在一定程度上抵消网络医疗信息获取便捷的优势,成为新的医患冲突点。对此,学者们从不同的研究视角,对网络医疗的信息风险进行了探讨,试图打开网络医疗信息传播的黑箱。例如从理论阐释的视角,有的学者从信任关系出发,将网络平台医疗信息风险归结于平台资质与公众识别,并认为监管缺位、规范缺失、公众使用顾虑是患者对网络医疗信任度不高的具体诱因(王兆仑,2020);有学者从实证检验的视角,通过大样本问卷调查,从信息来源、信息表达、信息内容、信息效用四个维度对网络医疗信息质量进行评估,试图揭示网络平台医疗信息风险的本质(成全等,2020);部分学者意识到网络平台医疗信息风险类型构成的重要性,将网络平台医疗信息风险划分为健康风险、经济风险、隐私风险以及服务风险,通过实证检验方式,揭示网络平台医疗信息风险的构成要素(钱辉等,2019)。

整体而言,目前学术界主要从理论阐释与实证检验的视角,对网络平台医疗信息风险进行探索,这在一定程度上推动了相关研究的进展,但仍存在以下局限性:在研究内容上,大多基于既有的理论框架,对网络平台医疗信息风险的形成过程进行理论嵌套,忽视了对网络平台医疗信息风险的客观描述与呈现,容易陷入以偏概全的困境;在研究方法上,较少采用扎根理论对网络平台医疗信息风险的归因模型与诱发因素进行构建分析;在研究立场上,多从第三视角出发,缺乏对患者的情感关照,在一定程度上导致了网络平台医疗信息风险事件的情境性缺失。鉴于此,我们将以新氧医美为研究案例,采用扎根理论,通过对案例资料的整理、归类、分析,构建网络平台医疗信息风险的归因模型,刻画其形成机制和内在过程。在此基础上,我们还将通过问卷调查对信息风险形成环节的人群认知差异进行实证分析,为进一步优化基于网络平台的医疗模式提供政策建议。

(二)网络平台医疗信息风险的归因模型建构

1. 研究方法与数据来源

扎根理论的研究方法是一个针对社会现象进行系统的资料采集,对资料进行概念化操作,不断进行比较,最后发展、发现以及检验理论的过程,其结果正是对社会现象的理论呈现(Glaser & Strauss, 1967)。虽然扎根理论在材料处理上存在着原始版本、程序化版本、建构型版本的争论,但不可否认的是,扎根理论正受到学术界的推崇,被广泛应用于医疗卫生、公共管理、企业管理、心理学研究等诸多领域，显现出极强的理论张力与推演能力。当前，国内学者已经逐步将扎根理论运用于医闹纠纷诱因分析（王英伟，2018）、医疗卫生补偿机制研究（汪波和段琪，2014）、医疗信息源选择行为研究（张鑫和王丹，2018）等，丰富了我国医疗管理领域的研究路径。因此，将扎根理论应用于网络平台医疗信息风险研究，能够突破对既有理论进行简单嵌套的困境，有助于研究者深入到患者中，自下而上地对网络平台医疗信息风险案例进行深描，发现更细微的案例细节，刻画各种概念、类属之间的差异，建构更具解释力的网络平台医疗信息风险理论模型。

在网络平台医疗信息风险归因模型的建构中，本书选取了新氧医美为研究对象，收集数据资料，其原因在于：一是新氧医美事件被媒体披露的时间还不长，有助于保障案例的完整叙事；二是新氧医美作为网络医疗的领军者之一，具有较强的代表性。在数据的可靠性方面，我们首先基于大量的新闻报道和文献资料进行解读分析，其次基于熟悉该平台的消费者以开放式问卷的方式收集材料，从而对案例演化过程进行深描。具体而言，我们通过多个搜索引擎，收集整理 2020 年4—8 月期间，新浪网、搜狐网、腾讯网等各知名网络媒体、社评期刊、医疗论坛等发布的 47 份信息资料，作为网络平台医疗信息风险分析重要文献资料。同时，为了进一步保证案例的完整性与可靠性，我们对使用过或了解新氧医美的消费者，进行了半结构化访谈。我们将问卷中的开放性问题进行汇总整理，通过剔除与主题明显不相关的信息，共形成分析材料 11 份，构成我们编码的辅助材料。

2. 数据编码与模型构建

（1）开放式编码

开放式编码是扎根理论研究编码工作的第一阶段，旨在通过对收集到的材料进行整理，在没有核心预设概念的情况下，将已有材料的字、词、句揉碎,分割成众多新的词组、语句以及段落,实现概念化与范畴化的目标。开放式编码的关键在于使用原生代码,即直接使用与访谈者对话所产生的原表述词语、语句,对案例进行客观呈现,从而建立起从田野到理论的桥梁,规避那些因过多语言转换而产生的解释断桥风险(郑庆杰,2015)。为此,我们首先对50份材料文本进行开放式编码,将其转换为基本数据源,包括文献信息材料40份,问卷调查主观题部分10份。其次,为了保证研究的科学性,筛选文本材料中关联程度较低的信息,共抽出23个概念。最后,通过对初始概念进行聚类分析,实现初始概念的范畴化,共形成8个范畴。受制于篇幅,本书选取部分语句进行示例(见表3-13)。

表 3-13　开放式编码及其范畴化结果

范畴	原始资料(初始概念)
行为规范	《新氧医美平台产品审核标准》虽然要求不能使用国家级、最高级、最佳等敏感性用语,但实践中项目的审核标准主要是不能用第一、最好等形容词过度包装,一般提交当天就能完成审核上架(规章执行)
	医疗机构购买虚假日记、刷虚假评论不能算违规行为,也不会罚款(规章要求)
商业诉求	医疗机构普遍利用返现控制美容日记的内容,进行虚假信息发布(返现营销)
	事实上,这些购买的美容日记确实推动了客户数量的显著增长,形成了很好的宣传效果(客户增长)
	在医美行业,夸大美容效果肯定可以吸引客户,为医疗机构创收(夸大宣传)
利益取向	很多大型连锁机构都是这么操作的,长期招人到医院摆拍,进行虚假宣传,拍完赠送一个整形小项目,根本不需要实际的经济支出(降低成本)
	对于医疗机构而言,新氧医美不会不留余地地禁止,那样医疗机构不好做,没有客户,新氧医美也做不下去。对于客户而言,编写有利于医疗机构的美容日记,能够抵扣一定比例的手术费(共生关系)
开放性	新氧医美的信息内容太多,有时候会让人失去理智,难以辨认真假(海量信息)
	我是在平常使用的 APP 上看到新氧医美的信息,微信群里也有人在发。整体感觉,似乎并不是新氧医美平台自己在做推广,它的信息传播很复杂,说不清楚,也容易有风险吧(传播路径)

续表

范畴	原始资料（初始概念）
规范性	注册新账号上传个人图片期间，虽然弹出人脸识别认证对话框，但可以选择直接"跳过"。但是，美容日记还是会在"手术医院"日记序列中生成，供后来的用户参考（技术漏洞）
	在新氧医美 APP 上，很多客户会为了私利，主动进行美容日记造假。由于很多医疗网站并不需要实名认证，认为互联网具有隐蔽性，即使撒谎被发现，成本也很低（造假成本）
	虽然有一些法律法规，但都比较笼统，缺乏可操作性，所以亟须通过具体制度来规范有关行为（制度的可操作性）
	事实上，美容日记属于无人监管的灰色地带，卫健委不具备全面深入的信息监管能力，而网信办又缺乏医疗专业监管能力，致使美容日记愈发泛滥（监管盲区）
	以新氧医美为代表的网络医疗平台对政府监管能力提出很高的要求，从而区别于以往的传统线下医疗服务（监管能力）
逐利性	有些人手里有很多三四年的互联网老账号，1.5 元一个，可以卖给机构，用于日记上传、回评等，非常安全，甚至可以批量上好评，把差评"压下去"（新生职业）
	××科技公司专门负责为一些互联网项目提供定制服务，如定制美容日记，即预约网红到院摆拍，模拟整个手术流程，术前照不化妆，术后照化妆，对比效果做得很好，价格不贵，也就 800—1000 元（专业经营）
	很多互联网企业提供的代运营服务，包括机构包装、产品包装、医生包装、线上推广（"日记＋安心购＋直播"）、评论阅读量优化、医生问答、指导刷单等（代理运营）
选择偏好	在新氧医美（平台上的医疗机构）接受美容手术后的结果，远远没有达到我的心理预期（个人期待）
	起初选择新氧医美这种互联网医疗，主要是受到身边朋友的影响，跟着他们去了一次新氧医美的线下商家，看到了很多美容宣传，再加上朋友一直在宣传，就开始有做的打算，之前并没有太多了解（盲目跟风）
	因为一直有美容需求，作为上班族也一直没有时间去正规医院做系统检查，感觉新氧医美更加便利，再加上看到美容日记、服务评价、广告这些宣传，就变得盲目起来（疾病压力）

范畴	原始资料(初始概念)
自我认知	新氧医美(平台上的医疗机构)的很多产品介绍都是韩文或者日文,自己又缺乏对美容知识的了解,并不知道新氧医美(平台上的医疗机构)在美容手术上使用了很多国家违禁药品和治疗方法(知识局限)
	根本没有想到新氧医美这么大的平台,(上面的医疗机构)会让个别没有相关资质的医生进行手术,(自己)也并没有提前对手术的相关信息进行了解,就开始接受手术(保护意识)
	一直都是以产品服务介绍为基本内容,看了美容日记中很多相关的介绍,所以对新氧医美深信不疑,与工作人员的交流都是放在价格、手术时间等问题上(有效沟通)

（2）主轴编码

主轴编码又称为关联式编码。基于开放式编码,主轴编码能够将各个独立的范畴按照类属、主题进行分解、分析和联结,从而进一步充分挖掘开放式编码中各个范畴之间的关联性,提取更高层次的具有统揽作用的范畴。在主轴编码过程中,范畴之间的关系可以按照功能、结构、时间、因果等条件关系,对其进行反复思考与比较,陈述副范畴与主范畴之间的联系。究其本质,主轴编码是从经验描述到概念分析的过渡,能够通过开放性的比较,不断增加新的范畴与分析维度,将由访谈材料转换成的数据串联成一个整体。因此,在开放编码的基础上,本书的主轴编码以不同范畴呈现的条件性关系为依据,进行重新组合与概念抽象,进而形成信息来源、信息工具、信息接收3个主范畴以及8个副范畴。

表 3-14　主轴编码形成的主范畴与副范畴

主范畴	副范畴	关系的内涵
信息来源	行为规范	规章执行、规章要求
	商业诉求	返现营销、客户增长、夸大宣传
	利益取向	降低成本、共生关系

续表

主范畴	副范畴	关系的内涵
信息工具	开放性	海量信息、传播路径
	规范性	技术漏洞、造假成本、制度的可操作性、监管盲区、监管能力
	逐利性	新生职业、专业经营、代理运营
信息接收	选择偏好	个人期待、盲目跟风、疾病压力
	自我认知	知识局限、保护意识、有效沟通

（3）理论编码与模型构建

理论编码是在开放式编码与主轴编码的基础上，以建构理论为目的的概念、范畴整合过程。因此，理论编码的本质在于构建研究问题的核心架构，并使其理论化，从而探寻具有较强概括能力、关联能力的核心范畴。核心范畴在所有范畴中处于中心位置，能够统领其他范畴，体现研究核心理论。本书的核心范畴为网络平台医疗信息风险的诱导因素与演化机理。基于开放式编码与主轴编码，我们对 8 个副范畴进行比较与组合，发掘出三种相应机制，即网络医疗信息来源的内在驱动机制、信息工具的载体推力机制以及信息接收方的公众获取机制，从而形成了网络平台医疗信息风险归因模型（见图 3-1）。

（4）理论饱和度检验

理论饱和度检验是判断扎根理论的数据提取继续或终止的重要标志。一般而言，当不断增加新的数据且对其进行比较之后，并没有发现新的概念、新的范畴，无法增加已有概念密度时，便视为理论饱和。为了进行理论饱和度检验，我们对剩余的 8 份材料再次进行编码与概念化，没有发现新的概念，且已有的范畴之间也并未产生新的关联。这表明依据文本数据所建构的网络平台医疗信息风险归因模型具有良好的理论饱和度。

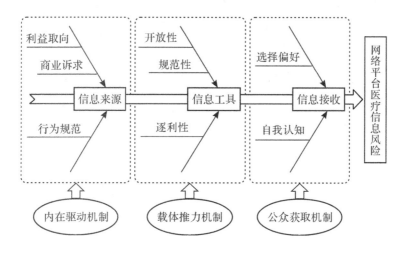

图 3-1　网络平台医疗信息风险归因模型

(三)网络平台医疗信息风险归因模型的诠释

通过以上探索,本书形成了较为完整的网络平台医疗信息风险的理论框架。为了进一步实现对归因模型内在要素关系的深度阐释,我们从信息来源、信息工具以及信息接收开展了内在作用机制的剖析,并对其关联机理进行了阐释。

1. 信息来源——内在驱动机制

在网络情境中,医疗信息的发布往往是整个医疗行为的发端,也是学术界和实践界关注的重点环节。我们认为,网络平台作为信息传播的发起者,在构建、整理以及发布医疗信息的过程中,可能会基于利益诉求,主动对医疗方案或医治结果进行片面裁剪或美化处理,从而大大影响网络平台医疗信息质量,甚至出现淡化医疗成本、美化医疗成效、降低医疗复杂度的现象。因此,信息来源是医疗风险形成的关键要素,可以理解为网络平台医疗信息风险生成的内在驱动机制,具体可以从利益诉求与行为要求两个角度进行阐述。

　　首先,从利益诉求层面来看,网络医疗平台以及入驻的医疗机构作为市场主体会主动追求自身利益的最大化。一是作为信息源的网络医疗经营主体为了实现信息的广泛传播,往往会主动夸大疗效、编织虚假信息,致使网络平台医疗信息真实性存在巨大缺口,个别医疗机构甚至会进行医疗知识的片段化宣传以博取好感。二是网络平台为了吸引更多的医疗机构加入,也可能采取共谋的行为策略,庇护发布虚假信息的网络医疗机构,甚至诱导客户制造虚假信息,从而加剧了网络平台医疗信息风险。其次,从行为要求层面来看,由于众多网络医疗机构并不能够严格遵守平台的规章制度,使得网络平台医疗信息质量缺乏一致性,导致网络平台医疗信息可信度降低(Johnson & Kaye,2002)。一是部分医疗机构为了实现自身利益最大化,有意识地寻找法律框架漏洞,以实现虚假宣传和赢利的目的。二是作为行为要求制定者的网络平台往往默许已入驻的医疗机构的行为,导致网络平台医疗信息存在严重的质量问题。因此,这种异化了的共生共谋关系,引发了严重的网络平台医疗信息失真问题,成为网络平台医疗信息风险形成的内在驱动机制。

　　2. 信息工具——载体推力机制

　　信息工具是指网络平台医疗信息传播所借助的载体,主要包括网络医疗平台、网络广告、信息推送、搜索引擎等。在网络平台医疗信息风险的归因模型中,以信息工具为核心的载体推力机制主要是指网络化信息工具自身所具备的属性和特征对网络平台医疗信息传播速度与质量的影响。换言之,信息工具作为传播载体,其工具属性不仅能够改变信息传播的广度、深度和交互性,更能够在信息传播过程中对医疗信息内容进行二次编辑,进而降低医疗信息质量,其内在过程可以从开放性、规范性与逐利性三个方面进行分析。

　　信息工具的开放性主要表现在信息数量与传播方式两个维度。

首先,互联网技术的信息汇集功能推动了网络平台医疗信息数量的指数级增长,加之信息质量的良莠不齐,致使患者难以辨别网络平台医疗信息的真假。其次,互联网技术改造了传播方式,使网络平台医疗信息传播媒介多样化、传播路径多元化(周东浩等,2015)。网络医疗信息常常被反复加工,也容易被滥用和恶意篡改,监管难度增大,风险隐患剧增(Edwards et al.,2013；Ha & James,1998)。

信息工具的规范性可以从信息制造者和政府监管两个方面考虑：前者主要考虑信息的真实性和有效性,后者主要关注监督的及时性和管理的标准化。鉴于网络信息的渗透性、隐蔽性和非对称性,容易在一定条件下出现收益大于成本的现象。与此相对应的是,由于政府监管制度与能力的短期缺陷,对一定时期内网络平台医疗信息缺乏严格约束,规范性严重不足(孙丽和曹锦丹,2011)。

市场经济的发展推动了以网络医疗信息为核心的产业链,也带动了网络水军和平台代理运行市场。因此,在逐利性的驱使下,首先,网络平台常常采用夸大事实、虚假宣传、恶意诋毁等手段,形成经济视角的利益叠加,进一步加剧风险生成；其次,网络平台作为传播媒介,其运动员与裁判员的双重属性导致其在信息传播过程中存在自我优待、不正当引流的可能性(钱贵明等,2022),存在进一步导致买卖双方信息错配的可能性。

综上所述,网络平台作为医疗信息的传播工具,其自身的高开放性、低规范性与强逐利性,导致了网络信息传播过程的无序化,该传播过程最终成为网络平台医疗信息风险生成的载体推力机制。

3. 信息接收——公众获取机制

被接收和利用是网络平台医疗信息传播的最终目的,因此我们必须考虑信息的接收过程。我们认为,患者作为网络平台医疗信息的接收方,会主动对获取到的网络医疗素材进行解码与分析,并由此产生网络平台医疗信息风险归因模型的公众获取机制。患者受到疾病压力影响,往往拥有获得优质、低成本和低复杂度医疗条件的内在需求,容易形成对医疗信息的美化理解;与此同时,患者还可能由于认知能力等个体差异,无法分辨虚假医疗信息。而上述过程所产生的信息理解偏差,将深刻影响患者对网络平台医疗信息的选择标准和选择结果。也就是说,作为网络平台医疗信息的接收方,公众的内在偏好和解码能力,也对网络平台医疗信息风险产生了关键作用(Ayers & Kronenfeld,2007)。

作为信息接收方的社会公众,受到患者的信息选择偏好影响,常常处于非理性或半理性状态,致使对网络平台医疗信息内容提取不全面。其内在原因在于:一是社会公众对于医疗机构宣传信息所展示的治理效果常常产生较高的个人期待,从而对网络平台医疗信息盲信盲从(Norr et al.,2014);二是患者的疾病压力往往导致非理性行为,出现病急乱投医现象;三是社会大众的盲目跟风容易使某一个体难以对网络平台医疗信息进行有效筛选,从而提高了上当受骗的概率。

社会公众的自我认知差异会影响其对网络平台医疗信息内容的理解与判断,从而产生网络平台医疗信息的不对称,形成网络平台医疗信息风险。一是社会公众的个人教育水平与知识结构,会严重影响其对网络平台医疗信息的判断,可能引发错误决策。二是部分公众较为欠缺的自我保护意识与沟通意识,往往使其与医疗机构之间产生信息鸿沟,从而带来认知层面的信息风险。

4. 各机制间的内在关联

从上述讨论中我们可以发现,网络平台医疗信息经历了产生发布到工具传播,再到接收提取的过程,伴随着风险的内在驱动、载体推力以及公众获取三个机制,也在一定程度上呈现了各机制之间线性传递与逐步放大的关系。首先,从内在驱动机制和载体推力机制的关系来看,信息发布者基于利益诉求,可能会发布不实甚至虚假的医疗信息。此后,受到网络平台内在特征的影响,医疗信息的影响力被扩大,主要表现为医疗信息受网络平台的助推,其传播广度与深度迅速扩大;同时,信息内容被网络平台二次加工,真实性被破坏。其次,从载体推力机制到公众获取机制的关系来看,患者受到盲目从众、疾病压力等个体因素的影响,易从有利于疾病消除的视角理解有关信息,产生非理性就医行为,从而不仅在行为上进一步助长和放大了信息工具的传播效果,也在实质上催生了网络平台医疗风险。最后,我们还可以挖掘公众获取机制和内在驱动机制的关系。可以想象,网络平台医疗信息受众的非理性就医行为为网络平台带来了包含法律和道德争议的巨大经济利益,如不加以规制,可能催生下一轮的医疗信息投机发布和违法传播行为,带来更大范围的也更严重的网络平台医疗信息风险。

(四)网络平台医疗信息风险的定量评估

从上述讨论中我们可以发现,网络平台医疗信息风险主要归因于三个环节,即信息来源、信息工具以及信息接收。为更准确地了解公众对网络平台医疗信息风险形成环节的认知程度,分析不同类型人群的感知差异,我们按照定性、定量混合探索的思路,运用问卷和定量统计方法开展了进一步分析。

1. 问卷发放与量表检验

问卷主要通过网络和线下两种方式进行。网络问卷主要面向与研究者有长期联系的台州市和杭州市的医生与患者,线下则面向浙江大学医学院附属第二医院和浙江省人民医院的医生与患者。线下纸质问卷发放了 125 份,回收了 98 份,有效问卷有 90 份,整体有效率为 72%;网络问卷发放了 650 份,回收了 398 份,有效问卷有 372 份,整体有效率为 57%,两种方式的有效问卷共计 462 份。为了确保问卷量表的信度和效度,我们主要采用了以下手段。第一,尽量采用已有成熟量表的问项,并与业内专家进行多次研讨;第二,对量表进行Cronbach's α 检验;第三,对量表进行 KMO 测度、巴特利球体检验和因子分析。结果表明,信息来源、信息工具和信息接收三个量表的Cronbach's α 分别为 0.854、0.877 和 0.751;在特征根大于 1 的条件下,我们在探索性因子分析中提取了三个对应的公共因子(累计方差贡献率达到 75.535%)。因此可以认为,本书提出的归因模型获得了定量数据的扎实支撑。

2. 网络平台医疗信息风险形成环节的差异化分析

本书通过单因素方差法来研究公众的性别、年龄、文化程度、收入和职业对网络平台医疗信息风险形成环节的差异化影响。

如表 3-15 所示,性别和收入并没有在公众感知的信息来源、信息工具和信息接受三个环节中产生显著影响,然而,年龄、文化程度和职业则体现了较为显著的影响。首先,年龄是公众对信息来源产生差异化认知的关键影响因素。我们在对比组间均值后发现,调研对象对信息来源的重视程度在年龄上呈现出两边高、中间低的状态。[1] 其次,公众会因为文化程度的不同而在信息来源和信息工具两个环节的感知中均产生显著认知差异。我们在对比组间均值后发现,文化程度越高,对信息来源和信息工具的重视度也越高。最后,职业也是影响公众对网络平台医疗信息风险形成环节感知差异的关键要素。我们发现,专业技术人员的风险重视度要显著高于普通职员、务农人员和自由职业者。

---

[1] 调研统计发现:13—18 岁组的均值为 3.75,19—29 岁组的均值为 3.99,30—39 岁组的均值为 3.67,40—49 岁组的均值为 3.62,50—59 岁组的均值为 3.72,60 岁及以上组的均值为 4.00。

表 3-15　网络平台医疗信息风险形成环节的方差分析结果

环节	性别		年龄		文化程度		收入		职业	
	F	显著性	F	显著性	F	显著性	F	显著性	F	显著性
信息来源	1.346	0.247	2.377	0.038	7.182	0.000	0.569	0.685	6.459	0.000
信息工具	0.091	0.763	1.331	0.250	2.772	0.027	2.303	0.058	3.364	0.001
信息接受	1.114	0.292	0.401	0.848	1.609	0.171	0.269	0.898	2.516	0.011

(五)网络平台医疗信息风险治理路径

基于上述分析我们认为,在国家治理体系与治理能力现代化进程中,网络平台医疗信息风险已经成为影响公众幸福感和获得感的重要议题,而政府作为宏观制度的制定者与具体政策的实施者,要充分发挥其作用,加强对医疗机构信息发布行为的规制,强化对网络平台信息工具的动态监控,加强对社会公众的有效引导,从而治理网络平台医疗信息风险。

1. 加强对医疗机构信息发布行为的规制

网络平台和入驻的医疗机构作为网络平台医疗信息的发布者,是网络平台医疗信息风险治理的第一责任主体。为此,政府要逐步建立网络平台医疗信息发布的监管体系,不断规范平台和入驻机构信息披露和宣传行为,保证网络平台医疗信息的安全性与可靠性。具体而言:第一,政府应加强网络平台医疗信息监管的顶层设计,通过法治建设推动各网络平台不断完善医疗信息发布规则。可以联合各搜索平台和网络平台逐步建立资质审查机制,对所入驻或关联的医疗机构进行资质审查与信息公布,如民营或公立医院、是否具备某项治疗资质等,从而提高医疗机构信息发布的针对性和准确性。明确"互联网＋医疗"可为、不可为的边界,针对服务类型、病种范围、药品品种等审慎设置准入清单。第二,政府要建立网络平台医疗信息的第三方审核机制,要积极引入专业机构,对入驻医疗机构与医疗平台所需要承担的责任进行划分,并加强信息监管,防止入驻医疗机构与医疗平台之间的利益共谋。同时,明确互联网平台作为市场组织者的监管义务,以平台连带责任的形式落实互联网平台的主体责任。第三,政府要立足于网络医疗发展实践,设立医疗网警机构,对医疗机构的信息发布内容进行过滤与识别,降低网络平台医疗信息偏误的可能性。第四,政府要积极探索媒体机构、社会组织参与的网络平台医疗信息监管体系。政府可以通过引入社会力量,帮助网络医疗平台建立健全医疗信息传播控制策略,提升相关内容的真实性和可靠性。

2. 强化对网络平台信息工具的动态监控

互联网是网络平台医疗信息传播的重要载体,构成了网络平台医疗信息风险治理的基础。由于网络平台医疗信息以互联网信息技术为载体,其风险治理必然离不开信息工具的改进。第一,政府应厘清网络与新媒体背景下医疗信息的传播模式、关键路径和核心节点,通过系统优化网络环境、改进监管方法,加大对以虚假网络医疗信息为核心的灰色产业链的整顿力度,从而基于客观规律构建网络平台医疗信息风险的防御机制。第二,政府应继续增强互联网信息传播过程的规范性,一是借助互联网平台建立健全网络平台医疗信息发布的标准化流程,从而规避技术操作不当或黑客侵入所导致的虚假医疗信息传播,保障网络平台医疗信息安全;二是完善对在线医疗服务的全过程监管,尤其是强化问诊过程、真实医嘱、合规处方、药物配送等过程的可追溯性。目前,虽然国家卫健委已经发布了一定的指导性意见,对网络平台医疗信息发布和诊疗程序做了原则性规定,但地方的执行标准和具体规范还有待健全。因此,要进一步通过网络平台医疗信息发布流程的标准化工作,降低实际操作风险。第三,政府要逐步建设具有全国统一标识的医学数字身份,推行网络平台医疗电子实名制,并制定行为示范与行为警示机制。第四,政府要进一步加强对网络平台引流与推荐算法的审查,同时,鼓励网络平台定期开展信息风险自我审查与披露工作。第五,政府要逐步建立网络平台医疗信息举报奖励机制,通过发动公众,全面消除潜在的网络平台医疗虚假信息及虚假排名。

3. 加强对社会公众的有效引导

公众如何获取、认知医疗信息,是网络平台医疗信息风险治理的关键。在实践中,网络平台医疗信息风险得以形成的基础在于公众判断能力和预警意识的欠缺。为此,政府对于网络平台医疗信息风险的治理始终要遵循信息传播的客观规律,有效识别导致公众误判的关键变量和决策场景,提高公众对医疗信息风险的辨识能力。在平台供给端,应充分发挥技术秩序下的声誉约束优势,建立健全平台内信用评价机制,降低医患双方的信息不对称性。更为重要的是,社会公众也要清醒地认识到网络平台医疗信息风险的偶发性,要正确对待医疗信息在网络传播中的潜在风险与后果,不能因噎废食;要树立自我保护意识,建立良好的网络信息获取习惯,积极主动对网络医疗信息进行筛查与核实,避免疾病压力下的乱投医现象。政府要加大网络医疗风险领域的公民教育人力资源投入,要积极联合学校、社会组织等公共机构大力开展网络医疗知识的科普教育活动。不同于一般商业信息,医疗信息与社会公众的生命健康息息相关,政府要高度重视网络平台医疗知识传播,逐步提高社会公众的网络技术素养,从而增强公众识别网络信息来源、辨别信息内容的能力,最终全面提升社会对网络平台医疗信息的认知水平。

(六)结　论

本部分借助扎根理论与问卷调查开展了综合研究设计,对从相对静态的条件构型视角开展的探索做出了重要补充,深挖了网络平台中特定社会责任风险形成的利益驱动机制、载体推动机制和受众获取机制,呈现了机制之间的动态传递与逐步放大关系,丰富了学术界对网络平台医疗信息风险生成和演化机理的认知。此外,我们在探索过程中灵活地对网络平台的用户(或潜在用户)特征与网络平台的社会责任风险进行了关联分析,凸显了平台模式和互联网背景下企业社会责任风险交叉影响与迭代增强的特点。

第四章 平台视角下的社会责任履责模式 及履责行为的价值影响

在互联网平台企业社会责任风险的概念界定、质性分析和量化评估以及社会责任风险形成机制讨论的基础上,本章和第五章将分别从平台和政府两个视角,开展企业社会责任履责模式和风险防控分析。首先,利用质性归纳方法,以阿里巴巴为例①,梳理互联网平台企业履行社会责任的一般模式,加深学术界对该产业环境中社会责任实现路径的认知,为利益相关者理论在平台情境下的拓展做出潜在贡献。其次,通过事件研究法,解析企业社会责任对企业价值的影响。以新冠疫情下捐赠对股价的影响为切入点,在互联网平台视角下探讨企业社会责任影响企业价值这一经典问题。在此过程中,我们还将融入中美不同制度背景下的差异化结论,既为互联网平台企业履行社会责任的潜在影响提供定量证据,也为制度环境和利益相关者感知对社会责任

---

① 2021年,国家市场监管总局对阿里巴巴下达了行政处罚决定书(国市监处〔2021〕28号),以其在国内网络零售平台服务市场实施"二选一"的垄断行为为由,责令阿里巴巴停止违法行为,并处以其2019年中国境内销售额4557.12亿元4%的罚款,共计182.28亿元。随后,阿里巴巴也发布了致客户和公众的公开信。我们认为,尽管阿里巴巴在反垄断这一问题上存在重大过失,发生了企业社会责任风险事件,但以阿里巴巴模式为代表的互联网平台企业社会责任战略,仍具有值得研究的空间。我们既要承认其创新的一面,肯定其社会责任风险防控成效,也要考虑其动态性,对其凸显的不足加以应对。

行为结果的影响提供新的思考。

一、平台化社会责任履责模式创新
——以阿里巴巴为例

(一)引　言

随着互联网技术在社会生活中的应用,经济活动范式逐渐从工业经济转变为平台经济,平台组织成为聚合多种主体、整合各类资源、应用算法规则、创造共赢价值的新经济载体(肖红军和阳镇,2020)。学术界普遍认为,平台拥有双元性(独立个体角色与生态圈运营者角色)、双重性(独立私有性与公共社会性)和情境嵌套性(商业与社会两种生态圈)等多重属性,因而其社会责任与工业经济背景下的传统管道型企业相比有较大差异(肖红军和阳镇,2020)。更值得关注的是,互联网平台企业社会责任风险一度面临叠加和蔓延的趋势,"流量为王"和"赢者通吃"商业逻辑下产生的经营垄断、隐私泄露、审核不严、伦理缺失等问题,为产业的可持续发展和社会的和谐稳定带来了严重挑战。

与此同时,我们也发现,面对上述情况,许多互联网平台企业已经开始积极行动,利用自身的文化基因、资源基础、技术优势和商业模式积极评估自身的社会责任风险,创造性地实施具有自身特色的企业社会责任战略。然而,学术界对上述过程的范畴提炼、维度归纳和模式总结仍然不足。也就是说,虽然已有学者对互联网平台企业的社会责任战略和治理模式进行了分析,并讨论了平台化履责的概念和特征,但学术界仍然缺乏基于扎根理论研究的系统归纳和规律总结,具有互联网平台情境的利益相关者管理方式还有待总结提炼。针对上述问题,本书拟基于理论抽样策略,以阿里巴巴为例进行实践特征梳理和理论模型延伸,在补充文献不足的同时,总结出值得该行业借鉴的行动路径。

(二)研究思路

1. 研究方法

本书的目的是挖掘和提炼互联网平台企业区别于传统企业的社会责任履责模式,并考虑其形成的内在机制,考虑"怎么样"和"为什么"的问题,因此选择案例研究的方法较为合适(李平等,2019;Eisenhardt,1989)。本书将试图展开两方面的工作:一是探索平台经济情境下企业社会责任的履责对象,即互联网平台企业在现实中针对哪些利益相关者开展履责行动。二是通过数据编码归纳出履责的实现路径和具体内容。具体而言,本书将利用编码的方式集中讨论有代表性的案例,充分考虑履责对象的层次性和差异性,尽可能捕捉企业履责过程中的新现象和新问题,从而帮助学术界以新的视角或维度理解互联网平台企业较为独特的履责类型和履责方式,揭示形成互联网平台企业履责行为的产业背景和制度背景。

2. 案例选择和数据收集

遵循理论抽样的原则,我们选取阿里巴巴作为研究对象,内在原因主要包括以下四个方面:首先,阿里巴巴是国内领先的互联网企业之一,近年来一直保持较快的发展势头,涉及领域广、技术实力雄厚,在网络零售服务市场占据较高的市场份额,具有行业典型性。其次,阿里巴巴经过 20 多年的发展,已从一个单一连接双边市场的小型平台企业演化为连接制造业、物流业、零售业、网络和数字产业以及地方政府、行业协会、终端消费者乃至自然环境的巨型产业平台，产品与服务深度嵌入经济生活和社会服务，具有极端性和启发性（Eisenhardt，1989；Eisenhardt & Graebner，2007）。再次，阿里巴巴基于互联网技术提供的商品和服务，在改变人们生产生活的同时，还以其较为独特的方式推动了平台关联方共同履行企业社会责任，形成了较为独特的管理现象。最后，我们通过行业协会交流和地方政府介绍等形式，已多次到阿里巴巴进行调研，具有较多的数据获取和访谈调研机会，便于开展研究工作。

本书依托的研究资料既包括针对不同利益相关方访谈形成的一手资料，也包括从阿里巴巴官方和其他公开渠道获取的分析报告、档案资料等二手资料。其中，访谈资料既包括基于行业协会调研机会获取的针对阿里巴巴中高层管理者的访谈信息，也包括我们实施的针对平台入驻商家和消费者的访谈信息；二手资料的来源则较为广泛，且是本书主要依托的资料信息，具体包括阿里巴巴公布的企业社会责任报告、阿里巴巴公益基金会年度报告、阿里巴巴年报及其他公告和第三方研究机构（例如中国信通院等）或咨询公司（例如德勤研究等）针对阿里巴巴社会责任情况发布的研究报告等。此外，我们还积极关注阿里巴巴官网发布的新闻、知名媒体对阿里巴巴企业社会责任的报道、学术界发布的与阿里巴巴社会责任相关的学术论文和教学案例，以及"阿里安全"等微信公众号发布的相关内容等。

3. 研究分析策略及质量保证机制

本书以 Gioia et al.（2013）提出的归纳式主题分析法作为核心分析策略，即通过对原始数据的逐步编码和抽象，最终形成理论性诠释。这也是学术界公认的较严谨地形成理论命题的操作策略（Gehman et al.，2018；万倩雯等，2019）。首先，本书从原始资料中提炼大量核心词、标签以及范畴，并由不同研究者对标签和范畴的异同进行比较，开展必要的合并和归类工作。我们着重关注了阿里巴巴针对不同利益相关方采取的不同履责方法和行动过程，注重循环迭代，直至形成一致意见。其次，本书试图融合数据原意去思考一阶构念，并在此基础上探索更深层次的内涵，将若干一阶构念理解和归纳成具有一定理论概念指向的二阶主题（Strauss & Corbin，1990），从而更好地展现互联网平台企业面对的多重制度压力及其涌现的履责特征。例如，供应链环节中的公平采购和供应商管理对于平台自身及行业的可持续推进非常重要，互联网平台企业可能通过技术赋能、资源整合、价值主张等方式积极履行社会责任。最后，我们依托责任式创新等已有理论框架（梅亮和陈劲，2015），结合阿里巴巴展现的商业生态及对接的利益相关者层级，将二阶主题进一步聚合为理论维度，从而形成系统的数据结构和各理论主题之间的内在联系（见图 4-1）。

我们认为，首先，在研究信度上，考虑到本书采用的大部分数据都可从公开渠道获得，亦采用了组织的实际名称，因此数据的可靠性可以得到保证。其次，在研究构念效度上，考虑到我们尽可能说明了数据来源，并积极开展了三角验证工作，因而也可以接受为构念效度提供了必要保证的观点。再次，在内部效度上，我们在案例分析的过程中，充分借鉴了学术界已有的关于互联网平台的理论和与平台企业社会责任相关的文献，积极开展了模式匹配和数据对比工作。当发现分析所得与已有研究存在较大差异时，我们会寻找新的数据加以验证或进行合理解释，因而可被认为有较强的内部效度。最后，单案例研究虽然在外部效度方面有所欠缺，但基于研究对象在领域中的典型性，以及其他互联网平台借鉴阿里巴巴商业模式的实际，我们也有理由相信，本书的结论在行业中具有可推广性。

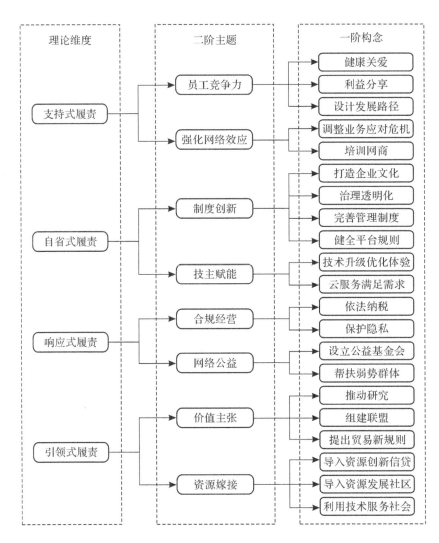

图 4-1　归纳式主题分析形成的整体框架

（三）案例分析

1. 阿里巴巴的企业社会责任

阿里巴巴成立于 1999 年，以"让天下没有难做的生意"为愿景，已逐步演化出"客户第一、员工第二、股东第三"的经营理念。在多年发展过程中,阿里巴巴逐渐认识到,协同最广泛的合作伙伴,共同构建和完善电子商务的基础设施,共同培育开放、协同、繁荣的电子商务生态系统,既是集团发展的内在要求,也是对社会责任的探索实践。2007年,阿里巴巴首次发布了企业社会责任报告,提出了具有产业特征的社会责任观,即企业的社会责任应内生于商业模式,与企业战略融为一体,成为企业核心基因。在上述背景下,阿里巴巴的企业社会责任也体现出平台背景下的生态化特征,在客户、员工、股东、市场、政府、社会、环境等多利益相关方的外部压力下,能基于不同层级和诉求,以差异化和耦合化的方式开展社会责任响应工作,无论是在日常经营中,还是在新冠疫情的特殊环境下,都展现出较为一致的履责模式。

2. 互联网平台企业履行社会责任的基础:平台化商业生态系统

所谓平台化商业生态系统,是指组织和个人(商业世界中的有机体)在相互作用基础上形成的经济联合体(张化尧等,2021),它凸显了交互性、耦合性和共生性等基于双边市场的产业组织特有的经济规律和管理体系,与传统的管道型企业有着本质区别。这正如阿里巴巴所表现出的,由具有共同目标的平台商、供应商、生产商、销售商、市场中介、投资者和消费者等以契约和技术相连接,参与方各司其职且相互依赖、相互赋能、共同成长的共生机制。

进一步,上述平台化商业生态系统又可以分为共生和共享两个层面。其中,共生层可以视为与平台经营过程联系较为直接的部分,由员工、股东、消费者和网商构成,而共享层可以视为与平台经营系统联动的部分,由环境、社会、市场和政府构成(见图4-2),而这也就是平台组织面临的两种压力源。与此同时我们还可以发现,整个平台化商业生态系统又可以被理解为由价值网、关系网、信息网和要素网等多重网络交织而成的复杂网,因此,既要强调多样性,也要重视界面规则和治理机制。也就是说,生态系统中的所有伙伴在实现资金、信息与物流交叉互动的同时,还应该在法律制度和道德伦理的影响下保持动态平衡,既寻求发展,也保持规范。平台组织的内、外两种压力源,将同时提出包括经济和制度两种性质的诉求,要求平台组织具备商业利益和公共利益双重定位。

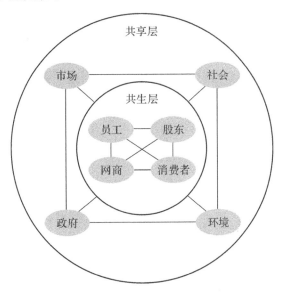

图 4-2　平台化商业生态系统的结构

3. 针对共生层利益相关者的履责模式

正如前文所定义的,阿里巴巴平台化商业生态系统的共生层是与其经营产生直接联系的员工、股东、消费者和网商。尽管上述利益相关主体并非传统管道型企业认知的以资本为纽带的利益共同体,但我们发现,以阿里巴巴为代表的互联网平台企业已从生态化履责的视角(肖红军和李平,2019)对企业社会责任工作进行了协同推进。我们基于归纳式主题分析的策略,分析了互联网平台针对共生层利益相关者的履责模式(见表 4-1)。

表 4-1 针对共生层利益相关者的履责模式

理论维度	二阶主题	一阶构念	相关引文
支持式履责	员工竞争力	健康关爱	阿里巴巴非常重视对员工的人文关怀,关注员工的身心健康和平衡发展。2011 年,阿里巴巴向第三方专业机构购买了员工综合健康管理服务(H-EAP),包括身心健康热线咨询及重大疾病住院手术安排,定期举办讲座培训,发送健康贴士电子期刊及女性孕期关怀短信,在内网搭建健康服务专栏,提供线下健康宣传活动等内容
		利益分享	根据市场状况和公司业务情况,阿里巴巴实施了广泛的奖金和股权激励计划,让员工都能分享公司业务蓬勃发展所带来的利益
		设计发展路径	为帮助员工不断成长,阿里巴巴在员工培训方面投入了大量人力和物力,逐步建立起比较完整的培训体系……已经成为员工不断提升综合能力和素质的重要途径
	强化网络效应	调整业务应对危机	2008 年,面对全球金融危机和经济动荡,阿里巴巴积极应对,推出了多项积极举措,如争取国际和国内两个交易市场收入比例较平衡的策略、Export-to-China、优质供应商计划等
		培训网商	针对中小企业的实际需求,阿里巴巴还为中国商人量身定制了网商培训服务,通过通俗易懂、深入浅出的授课培训,分享知识和经验,帮助网商轻松掌握网络贸易技巧,实现快速成长
自省式履责	制度创新	打造企业文化	"阿里橙"企业文化让员工快乐工作,阿里巴巴的企业文化"阿里橙",以"六脉神剑"价值观(客户第一、团队协作、拥抱变化、诚信、激情、敬业)为核心和原动力,呈现出了清晰的体系与指向。"阿里橙"文化具有自身鲜明的特色,自诞生以来不断演变和完善
		治理透明化	在治理结构方面,管理层一直坚持较高的职业操守标准,同时从公司创建就建立了完善、透明的公司治理结构,不遗余力地提升合规性

续表

理论维度	二阶主题	一阶构念	相关引文
自省式履责	制度创新	完善管理制度	自 B2B 发生"欺诈门"之后,阿里巴巴开始"刮骨疗伤",采取了重组高层管理人员、优化业务模式、提升用户质量等一系列整顿措施,以确保股东的利益不受损害
		健全平台规则	2008 年,淘宝网升级了消费者保障计划,推出了 7 天无理由退换货、假一赔三和虚拟物品闪电发货三项新的消费者保障服务,从而大大提高了买家的购物信心,也有助于卖家加强对自身诚信度的关注
	技术赋能	技术升级优化体验	垂直化的电子商务平台有利于消费者迅速定位商品、拥有更多选择、提升购物体验。2010 年,淘宝电器城、名鞋馆、家装馆、母婴馆、淘日本频道等垂直平台陆续开张,淘宝商城也采用独立域名,并启动大规模推广。平台垂直化优化了消费者体验,也大大拉动了相关产品的销售
		云服务满足需求	海量数据的高频调用带来了数据安全、计算成本和系统策成等方面的挑战。2012 年 7 月 10 日,天猫携手阿里云、万网推出聚石塔平台,为天猫、淘宝平台上的电商及电商服务商等提供数据云服务,以满足卖家日益增长的成本管理和安全管理需求

如表 4-1 所示,我们可以发现,相比于传统管道型企业,高新技术标签明显的阿里巴巴将员工视为一种资源而非成本,既采取了为员工购买综合健康服务等多项措施,也在员工培训方面投入了大量资源和时间,还实施了广泛的奖金和股权激励计划。与此同时,阿里巴巴善于把握其连接广大小微企业的实际,一是投入大量资金帮助网商拓展海外销售渠道,获取更多消费者,二是长期建设淘宝大学,孵化和壮大更多网商。上述行为较为典型地凸显了互联网平台企业支持共生层利益相关方的特征,支撑了网络情境下的工具性利益相关者理论(Jones,2018)。也就是说,由于平台的价值在于双边市场的网络连接度,阿里巴巴基于内在发展动力,成功地将防控企业社会责任风险与

强化双边网络效应进行了耦合,实现了双向正反馈。在此过程中,尽管也存在制度和规则的压力,但追求共生优势的经济逻辑占据了主导位置。

与此同时,我们也发现,针对共生层利益相关者,阿里巴巴还持续推动了许多短期经济效益不确定性较高,但行业规范和制度规制特性较为明显的履责行为。这既包括平台化商业生态体系中的制度建设,也涵盖了以技术赋能路径推进的网商和消费者体验优化。例如:阿里巴巴基于人本、快乐的理念形成了独具特色的"阿里橙"文化,其自诞生以来不断演变和完善;在发生个别影响较大的负面事件后,采取重组高层管理人员,优化业务模式,提升服务质量等一系列措施;颁发或更新商业行为准则、数据安全规范、采购指引、突发危机事件管理规定等制度规范;创新性地推出和优化关联卖家、买家的信用机制,推动平台信用体系全面升级;采用技术手段解决平台内生性矛盾,优化商业模式。我们认为,不同于支持式履责,基于规则创新和技术迭代思维的融合各方利益诉求的履责策略,充分体现了责任式创新理论的自省维度,也彰显了企业文化、产业环境、技术基础的驱动过程,因此具有独特的建构意义。在此过程中,规范性、透明度和公平性是平台有关行为的核心内在特征,并非由某一利益相关方单独提出,而需要互联网平台基于新情境进行反思和假想,创新性地提出解决方案(梅亮和陈劲,2015)。

4. 针对共享层利益相关者的履责模式

在主题归纳过程中,我们发现,相较于传统管道型企业,以阿里巴巴为代表的互联网平台企业以其双元、双重属性和情境嵌套能力,将行业、政府、社会和自然环境等传统意义上的外部环境或非核心利益相关者理解为商业生态系统中的重要主体,并以资源嫁接与要素耦合的方式,创造了包含社会价值的多重绩效。与共生层利益相关者类似,对于共享层利益相关者的履责模式,本书在数据分析的基础上,按照一阶构念、二阶主题和理论维度的思路进行了深度剖析与系统归纳(见表 4-2)。本书认为,与针对共生层利益相关者的履责模式不同,针对共享层利益相关者,互联网平台企业虽无法替代政府或行业协会的角色,但在特定场景中扮演了(也必须扮演)"公地管理者"角色,体现出"净的正外部性"(并非无负外部性),展现了业内协调和行业建设的作用。

表 4-2　针对共享层利益相关者的履责模式

理论维度	二阶主题	一阶构念	相关引文
引领式履责	价值主张	推动研究	阿里研究院推出了一系列研究成果,如《互联网+:从 IT 到 DT》《中国淘宝村研究系列报告》《2015 年网商发展研究报告》等
		组建联盟	阿里巴巴在全国鼓励重建淘宝的商会、协会,重建各个品类的商盟体系,鼓励卖家通过协会、商会,与淘宝有更好的连接,实现自治
		提出贸易新规则	阿里巴巴提出了世界电子贸易平台(eWTP)倡议,呼吁顺应当前数字经济飞速发展的时代潮流,更好地帮助中小微企业发展,促进全球普惠贸易和数字经济增长,孵化互联网时代的全球化贸易新规则
	资源嫁接	导入资源创新信贷	阿里巴巴与中国建设银行、中国工商银行研发运营了几个为中小企业量身定做的新型贷款产品,其中尤以网络联保贷款最为突出。在网络联保贷款模式中,阿里巴巴和中国建设银行、中国工商银行将网络交易信用度作为贷款的重要参考标准,使得中小企业不再单纯依靠资产和担保等去获得贷款,从而实现了电子商务与网络贸易融资的有机结合,同时也带动了银行业自身的机制创新
		导入资源发展社区	在特色中国的项目运营中,地方政府在以下方面提供支持:确定重点发展产业;制定地方馆网络品质监管体系;出台政策和提供资金支持,引导和扶持企业及农户发展电子商务。淘宝网提供地方馆运营频道和资源,协助供应商开展地方馆运营,提供产品或技术支持以及培训和服务监督

续表

理论维度	二阶主题	一阶构念	相关引文
引领式履责	资源嫁接	利用技术服务社会	阿里云作为国内唯一一家去IOE成功的企业,凭借其自主研发的飞天云计算平台,采用云架构,开始对外输出去IOE能力,越来越多地介入政府推行的云计算试点计划
响应式履责	合规经营	依法纳税	阿里巴巴严格按照政府部门的法律法规开展经营活动,针对当前C2C交易中的税收这一国际性难题,阿里巴巴长期以来一直敦促其用户依法纳税,并积极与有关机构沟通,探求面向未来的解决之道
		保护隐私	钉钉将客户隐私作为企业生命线,严格保护用户的各项数据
	网络公益	设立公益基金	新冠疫情防控期间,阿里巴巴紧急发布驰援武汉的专项行动,通过设立10亿元医疗物资供给专项基金,开通救援物资免费运输绿色通道,搭建防疫直采全球寻源平台和上线"武汉加油"公益项目,协调海内外资源,向湖北地区的医疗机构援助诊疗物资和设备,解决医疗物资紧缺问题
		帮扶弱势群体	2018年3月,阿里巴巴启动魔豆妈妈创业扶贫大赛,为身处困境但自强不息的女性创业者提供舞台

从表4-2我们可以注意到,阿里巴巴针对共享层利益相关方的履责模式,既不同于传统企业的以特定对象为基础进行分类的意义建构形式,也不同于针对共生层利益相关者的紧密联系商业运营的话语体系,展现出深度嵌入整个社会和推动更广泛领域可持续发展的面貌。例如:阿里巴巴发起了"活水计划",在支持青年学者成长的同时,助推了我国电子商务研究进程;成立了阿里研究院,发布了《互联网＋:从IT到DT》《中国淘宝村研究系列报告》《2015年网商发展研究报告》等一系列研究成果;在贸易领域,提出了世界电子贸易平台(eWTP)倡议,呼吁更好地帮助中小微企业发展,促进全球普惠贸易和数字经济增长;在自然环境方面,其云计算基地的数据中心百分百基于绿色能

源运转,同时采用自然风冷和自然水冷系统,展现了中国 IT 企业的环保意识和低碳运营能力。当然,考虑到共享层利益相关方与阿里巴巴主要以松散耦合的关系存在,平台不拥有对其他主体的控制权,因此阿里巴巴主要采取提出价值主张的方式来助力行业集体进步。在此基础上,我们还发现,阿里巴巴注重强化该共享环境中不同生态位(或社会网位置)成员之间的资源流动与整合以及知识创造与共享,大力促进各主体之间共享与企业社会责任议题相关的显性和隐性知识,推动平台商业生态系统以更为高阶的方式解决经济、社会与环境问题。例如:阿里巴巴与中国建设银行、中国工商银行合作,将网络交易信用作为贷款的重要参考标准,实现了电子商务与网络贸易融资的有机结合,并带动了银行商业模式创新;阿里云作为国内少数的去 IOE 企业,凭借自主研发的飞天云计算平台,助力政府实现数字化转型。我们认为,以上两种策略都显示了互联网平台企业在商业生态系统社会责任创新中的主引擎作用(辛杰,2015),其凭借资源嫁接和价值主张等方式表现出的责任领导力,有助于提前评估商业模式和技术创新的潜在后果,具有前瞻治理的优势(Sutcliffe,2011),可以概括理解为引领式履责。

当然,在共享层环境中,互联网平台企业并不具备全面感知能力,亦可能受到资本收益率的内生影响。同时,考虑到互联网平台企业社会责任议题具有密集性、衍生性和传播性的特征,抑或是遭遇突发事件,互联网平台企业在引领式履责的同时,还会表现出响应式履责的维度,即仅做到遵守法律法规以及在制度压力下的公益响应等。例如:针对 C2C 交易中的税收这一国际性难题,阿里巴巴主要采取了敦促相关市场主体依法纳税的方式,探求面向未来的解决之道;在其他互联网平台企业因用户隐私泄露问题受到处罚后,阿里巴巴亦加强了对用户隐私的保护;当社会面临突发性事件时(比如新冠疫情),阿里巴巴通过公益基金会和全球采购链实现了快速响应(比如紧急发布驰援武汉的专项行动、设立 10 亿元医疗物资供给专项基金,搭建防疫直采全球寻源平台等)。此外,还需要指出的是,在涉及平台发展与平台垄断关系的处理方面,阿里巴巴的响应存在较大的优化空间。

综上,我们认为,在面对共享层利益相关方的系列诉求时,阿里巴巴既可以通过引领式履责实现行业的整体正向生长,也可以采用稍显被动的制度响应手段进行应对(梅亮和陈劲,2015;Oliver,1991),以求建立交互、持续、灵活的学习过程。

(四)研究小结和不足

本章以阿里巴巴为例,在分析平台化商业生态系统的基础上,通过归纳式主题分析,探索了具有互联网平台情境的企业社会责任履责模式,总结了其范畴结构及对应层次。本章归纳了分别针对共生层和共享层利益相关方的支持式、自省式履责模式和引领式、响应式履责模式,既从现实案例和企业实践的视角补充了本书前文总结的互联网平台企业社会责任风险的具体维度,也对平台情境下的利益相关者管理框架做出了必要延伸。我们认为,互联网平台企业在履行社会责任过程中,具有较为复杂的响应态势,存在经济和制度压力交织、产业和平台场景突出、主动作为和制度响应并存等特点,既有平台范式和运营体系特征下的耦合性(例如针对共生层的支持式履责和针对共享层的引领式履责),又有制度压力与发展要求特征下的主动、被动共存性(例如针对共生层的自省式履责和针对共享层的响应式履责),还包括产业背景和文化积淀特征下的多渠道性(例如员工路径、网商路径、社会路径,以及资源方式、技术方式和制度方式)。我们认为,上述发现在一定程度上突破了已有研究"非被动即主动"的简单二元思维,也摆脱了"非耦合即松散"的二元责任战略定位,可以认为是互联网平台企业深度嵌入经济社会生活背景的社会责任响应规律。

当然,也存在一些不足,主要表现在以下方面。首先,因希望为同领域的其他企业提供可能的借鉴,主要关注了阿里巴巴对社会价值产生正向作用的履责模式和具体路径,对其社会责任缺失部分的讨论不足;其次,采用了静态视角的案例分析,但阿里巴巴的利益相关方管理策略是随着平台经济的演化而协同演进的,因此存在不同时期的差异性;最后,单案例研究可能不足以充分挖掘不同平台企业之间的差异性,因此,还需要更多数据对支持式、自省式、引领式和响应式等四种履责模式进行普适性验证。

二、社会责任行为的市场反应
——以新冠疫情防控期间的捐赠行为为例

(一)引　言

互联网平台企业将用户、数据、关系、内容、技术、服务等多种资源纳入其生态体系,深度嵌入经济社会发展与社会关系网络,已成为网络空间乃至现实社会重要的功能载体,呈现出极强的社会影响力和跨业辐射力(谢新洲和石林,2021;肖红军等,2020;阳镇等,2020)。尽管有学者认为,从本质上讲,互联网平台企业社会责任的形成机制、评价机制与传统制造企业并无太大差异(胡英杰和郝云宏,2020),平台企业也是经济属性与社会属性紧密融合的组织。然而,考虑到其有效连接了供给侧与需求侧,实现了同边网络效应与跨边网络效应(肖红军和阳镇,2020)。因此,相较于传统企业,互联网平台企业的社会责任行为更容易受到资本市场的关注;其在特殊情境或事件下的市场反应,更是值得学术界进一步探索的重要课题。事实上,许多学者已就社会责任行为对市场价值的影响开展了研究,并认为事件研究法是一种重要工具(石磊等,2010;李敬强和刘凤军,2010;沈红波等,2012;贾兴平等,2016)。然而,出于数据不足等原因,学术界十分缺乏针对平台企业的社会责任行为影响效应的定量分析(肖红军和阳镇,2020)。

基于上述背景,本书将结合新冠疫情防控期间互联网平台企业实施捐赠这一特殊场景,利用事件研究法开展对资本市场反应的探索。特别地,考虑到以往相关研究结论不统一的实际(方军雄,2009;石磊等,2010;郑杲娉和徐永新,2011),本书按捐赠总额、捐赠比值、捐赠时间、盈利能力和盈利水平五个因素对样本企业进行了分组,以期为相关研究贡献更为丰富的结论。此外,考虑到在中国开展经营活动的互联网平台企业的上市地主要集中在中国和美国,而中美两国不论是在资本市场的制度体系上,抑或是在新冠疫情防控初期的社会认知和社会舆论上,都表现出极大的不同甚至反差。因此,我们在分组探索的基础上,进一步开展基于中美两个资本市场的股价反应对比,这将为制度环境和利益相关者感知对社会责任行为结果的潜在作用提供更多证据和思考。

(二)简要文献回顾和假设提出

已有大量学者针对企业社会责任与公司市场价值的关系进行了实证研究,也有部分学者利用事件研究法,探索了突发公共事件下企业的捐赠行为对市场的影响。例如,Muller & Kraussl(2008)通过研究 2005 年卡特里飓风事件发现,捐赠企业在发布捐赠公告后股票异常收益率显著为正,且含实物捐赠的公告会引起更正面的异常回报。Patten(2008)研究了 2004 年印度洋海啸发生后全球 500 强企业中 79 家美国企业的捐款事件后发现,资本市场对企业的捐赠规模也有显著正向的响应。在中国情境中,Zhang et al.(2010)考察了 2008 年汶川大地震发生后不同性质企业捐赠行为的市场反应,发现民营企业的捐赠规模及其市场反应普遍大于国有企业,并提出了民营企业需要通过捐赠行为刺激企业盈利能力的解释;与此相类似,Gao & Hafsi(2017)也发现,汶川大地震发生后大型企业以及存在政治关联的企业捐款数量越多,市场反应也越大。当然,也有学者得出了相反或更为复杂的结论。例如,石磊等(2010)基于市场反应模型评估了汶川大地震发生后上市企业的捐赠行为对股票价格的影响,发现灾难发生后企业的捐赠行为并不能得到投资者的认可,反而会带来负的股票回报,为此,企业要针对捐赠时间和捐赠规模制定合理的策略。李敬强和刘凤军(2010)同样使用汶川大地震作为事件案例,发现企业在公布捐赠信息后,股票的累积异常收益率与捐赠时间负相关,但与捐赠金额正相关。

从上述研究中我们可以发现,事件研究法研究视角下的企业社会责任捐赠与资本市场反应之间的结论比较复杂,分组讨论或是必然的研究策略。部分学者认为,捐赠水平、捐赠时间和企业盈利情况是影响企业社会责任行为与市场反应关系的三个重要因素(Patten,2008;李敬强等,2010)。与此同时,我们还发现,现有研究对于文化和制度对比下企业社会责任捐赠与股价影响之间的关系关注不足,鲜有开展对比分析的实证研究。事实上,利益相关者内部并非完全一致,不同制度和文化背景下的社会偏好也会存在巨大差异,利益相关者对企业社会责任行为的价值或诚意的理解,会深刻影响企业社会责任行为的市场反应,这是由利益相关者的认知决定的(Wang,2020)。基于上述分析,本书提出以下两个假设。

假设 1:在社会责任事件窗口期,互联网平台企业捐赠行为对企业股价的影响会因为不同资本市场而产生显著差异。

假设 2:在社会责任事件窗口期,股价的反应会因不同情境

（捐赠策略和企业盈利水平）而产生显著差异。

（三）研究数据及研究方法

1. 数据来源及分析

我们注意到，新华社于 2020 年 1 月 20 日发布《习近平对新型冠状病毒感染的肺炎疫情作出重要指示》[①]的新闻后，许多互联网平台企业开展了捐赠行动，因而我们以此作为数据收集和研究开展的起点。我们还发现，新冠疫情发生以后，中国社科院打造的"责任云"微信公众号迅速行动，发布了大量企业抗疫信息。鉴于该机构在领域内的专业性和信息发布的及时性，我们以此作为研究所需捐赠数据的基础，与此同时，我们开展了必要的捐赠金额核对和捐赠时间复核工作。而对于研究对象，考虑到前后一致性，我们以本书第一章的关键概念以及第二章和第三章的操作思路作为样本的筛选边界。在行业条件、捐赠数据和财务信息必须兼备的条件下，我们最终选择了 20 家互联网平台上市企业作为研究对象，并以捐赠行为被企业官方披露的时点作为事件日（$t=0$）。根据研究需要，我们收集了样本企业的股票市场数据，包括市场收益率、无风险利率、企业市值因子、账面市值比因子、盈利能力因子及投资模式因子。同时，我们还以捐赠行为发生日上一年的会计期末信息表征其财务指标，并从 CSMAR 数据库收集了营业收入、资产规模、总资产收益率和净利润等财务数据。

如表 4-3 所示，不同平台企业的捐赠总额占比（捐赠总额占公司总收入的比重，PRO）差距较大，最小值为 0.00010，最大值为 0.01154，均值为 0.001，平均而言，互联网平台企业愿拿出营收的千分之一开展此次疫情下的捐赠。

---

① www.gov.cn/xinwen/2020-01/20/content_5471057.htm.

表 4-3　新冠疫情发生后样本企业捐赠信息的描述性统计结果

变量	样本量	均值	标准差	最小值	中位数	最大值
捐赠总额占比(PRO)	20	0.001	0.026	0.0001033	0.0010802	0.01154
总资产收益率(ROA)	20	0.080	0.072	−0.011906	0.0606405	0.26070
资产规模(SIZE)	20	14.490	1.310	11.779290	14.4186900	17.84839

注:资产规模由上市公司总资产取自然对数后获得。

2. 研究方法及模型

我们采用事件研究法开展相关工作,该方法是通过计算事件期内样本企业的实际收益与假定不发生该事件企业的预期正常收益率的差异,来检验事件发生前后的股票收益率变化,进而解释特定事件的发生对样本企业股票变化的影响。研究的具体步骤如下:

第一,定义事件,即明确事件日、窗口期和估计期。2020 年 1 月 20 日,新华社发布了《习近平对新型冠状病毒感染的肺炎疫情作出重要指示》的新闻。我们以此作为研究的起点,并以此信息发布后互联网平台企业捐赠发生日(企业公告日)作为事件日。为了全面反映互联网平台企业社会责任捐赠对企业股票价格的影响,本书选取[0,2]、[0,4]、[0,6]和[0,8]四个时间段作为事件窗口期。此外,根据学术界普遍认定的,估计期是指事件尚未发生的时间段,可以据此推算企业未进行捐赠的正常收益率,我们也以此为基础进行了相关参数的估计。我们认为,估计期的设定不宜太长,否则容易导致样本企业股票价格变化受到其他因素影响,太短则会降低估计精度。参照已有研究(Khotari & Warner,2006;袁显平和柯大钢,2006),我们以互联网平台企业社会责任捐赠行为发生之前的第 180 个到第 20 个股票交易日,[−180,−20],作为估计期。

第二,计算累进超额收益率。我们发现,超额收益测算模型有均值收益模型、市场模型、CAPM 模型及 FF3 因子模型四种,其中,

CAPM 模型在研究中应用最为普遍,因此,本书也采用了该探索路径。
一般而言,股票预期正常收益率的估计模型为

$$R_{it} = \alpha_i + \beta_i R_{mt} + \varepsilon \qquad (4\text{-}1)$$

其中,α 和 β 是 CAPM 的参数,i、t 分别代表不同企业股票和交易日,R_{it} 表示考虑现金红利再投资的个股收益率,R_{mt} 表示考虑现金红利再投资,我们以流通市值加权平均法计算的市场收益率,ε 为随机扰动项。此时,个股异常收益率 AR_{it} 为

$$AR_{it} = R_{it} - (\hat{\alpha} + \hat{\beta}) R_{mt} \qquad (4\text{-}2)$$

其中,$\hat{\alpha}$、$\hat{\beta}$ 是 α_i、β_i 的估计值。

根据个股的异常收益率 AR_{it},可计算在交易日 t 所有样本企业的平均异常收益率 AAR_t,以及各事件窗内每只股票的累积异常收益率 $CAR_i[t_1, t_2]$:

$$AAR_t = \frac{1}{N} \sum_{i=1}^{N} AR_{it} \qquad (4\text{-}3)$$

$$CAR_i[t_1, t_2] = \sum_{t=t_1}^{t_2} AR_{it} \qquad (4\text{-}4)$$

(四)实证结果与分析

1. 市场收益率的初步讨论

根据事件研究法的分析步骤,本书首先对互联网平台企业的市场收益模型进行了估计。考虑到研究样本分布在中国和美国两个制度环境、社会文化差异巨大的资本市场,本书按国别分组计算了互联网平台企业捐赠行为发生后的平均异常收益率(AAR)和累积异常收益率(CAR)。从表 4-4 可以看出,在事件窗口期,互联网平台企业捐赠在中国资本市场的累积异常收益率均为正,说明市场将平台企业的捐赠行为看作符合期待的好消息,投资者认可新冠疫情防控期间平台企

业通过捐赠共同抗击疫情的努力。而相关数据在美国资本市场上的表现却显著不同,这初步验证了我们的假设1,即在不同制度和文化环境中,利益相关方对企业行为的理解可能完全不同。也就是说,互联网平台企业捐赠行为对自身股价的影响会因为不同资本市场而产生显著差异。

表4-4　平均异常收益率与累积异常收益率结果

t	AAR/CAR	
	中国上市	美国上市
0	0.153109	−0.12978
1	0.137837	−0.01485
2	0.090974	−0.01166
3	0.062271	−0.06627
4	0.054712	−0.04561
5	0.064074	−0.03218
6	0.013875	−0.04476
7	0.016215	−0.06122
8	0.014300	−0.04447
[0,2]	0.272921	−0.03499
[0,4]	0.273560	−0.24073
[0,6]	0.097122	−0.31330
[0,8]	0.128702	−0.40027

2. 捐赠影响资本市场反应的分组讨论

捐赠水平和捐赠时间是公众对企业社会责任行为本质的认知(Wang,2020),而盈利能力(包括净利润和净资产收益率)则反映了互联网平台企业进行捐赠的能力(及资本市场的潜在期待方)。因此,本书从捐赠比例、捐赠时间、净资产收益率以及净利润四个方面进行了分组探索(见表 4-5)。

表 4-5　按照企业特征分组的累积异常收益率分布

组别		[0,2]		[0,4]		[0,6]		[0,8]	
		中国上市	美国上市	中国上市	美国上市	中国上市	美国上市	中国上市	美国上市
捐款总额占比	高	63%	44%	63%	22%	54%	22%	54%	33%
	低	30%	55%	40%	66%	40%	66%	40%	55%
捐赠时间	早	70%	27%	70%	36%	70%	36%	60%	36%
	晚	27%	66%	36%	50%	27%	50%	36%	50%
净资产收益率	高	54%	20%	63%	30%	54%	30%	54%	30%
	低	40%	77%	40%	55%	40%	55%	70%	55%
净利润	高	54%	20%	63%	30%	63%	30%	54%	20%
	低	40%	77%	40%	55%	30%	55%	40%	67%

表 4-5 反映了在不同分组情况下,上市企业在各个事件窗口期获得正向累积异常收益率的比值。首先,从捐赠总额占比看,捐赠总额占比高的中国上市企业的正向市场回报比重显著高于捐赠总额占比低的企业,且上述关系自[0,2]到[0,8]四个窗口期都保持显著。其次,从捐赠时间看,我们也发现了类似规律。捐赠时间较早的中国上市企业相比捐赠时间较晚的企业获得了更大比例的正向市场反应,且上述特征比捐赠总额占比的组间差异更为明显,持续时间也更长。这充分说明,中国市场和社会公众对企业及时参与抗疫的捐赠行动表现出很大的认同,对及时履行社会责任带给互联网平台企业的影响更多持正面预期。最后,从盈利能力(包括净资产收益率和净利润)看,中国资本市场对净资产收益率和净利润高的企业开展的捐赠行为给予了更大比例的正向反应,"赚钱要行善"是该制度环境中的普遍认知,且上述特征在盈利能力维度两个分组的多个窗口期都得到了验证。基于上述讨论,我们认为,假设 2 得到了验证。

与上述在中国资本市场的表现完全不同的是,新冠疫情防控初期,互联网平台企业社会责任行为在美国资本市场遭遇了完全相反的情境。例如:在捐赠总额占比维度上,高占比组的上市企业获得了更高比例的负向市场回报,且上述特点在四个窗口期都表现得非常一致;与此相类似,在捐赠时间维度上,捐赠时间较早的上市企业相比捐赠时间较晚的企业亦获得了更为负面的市场反应,其负面累计异常收益率为正的比例明显更低。

对比中美两个资本市场的数据,我们认为,这再次验证了前文已初步体现的假设1。也就是说,新冠疫情发生后,不同国家的重视程度深刻影响了资本市场对企业抗疫捐赠行为的意义感知。这也正如Godfrey(2005)所强调的,"企业的捐赠行为只有被社会公众所认可,才能建立正面的声誉资本,进而为企业带来正面的市场回报",我们需要提高对企业社会责任国家制度差异性(See,2009;Kim et al.,2016;Basu,2008)的重视程度。从表4-7中我们还可以发现,上述中美差异在盈利能力维度上,也得到了充分体现。我们发现,在四个窗口期,净资产收益率和净利润表现好的上市企业,其获得市场正面反应的比例相比表现较差的上市企业明显偏低。这也充分说明,美国资本市场受2020年早期美国政府和媒体的影响,未能及时感知到新冠疫情的严重性,不仅未能认识到来自中国的互联网平台企业实施抗疫捐赠的重大社会意义,甚至在一定程度上将其理解为有损"绩优股"未来价值的决策。[①]

3. 稳健性分析

为了提高研究结论的可靠性,我们用 Fama-French 三因子模型替

---

① 同步地,美国资本市场将"绩弱股"(盈利能力较弱的上市企业)发布上述信息理解为释放未来发展潜力的信号。

换市场模型,重新计算样本企业在事件窗口期的累积异常收益率(见表 4-6),发现了与表 4-5 基本一致的结论。

表 4-6　按照企业特征分组的累积异常收益率分布

组别		[0,2]		[0,4]		[0,6]		[0,8]	
		中国上市	美国上市	中国上市	美国上市	中国上市	美国上市	中国上市	美国上市
捐款总额占比	高	63%	13%	63%	13%	54%	0%	54%	0%
	低	30%	40%	40%	30%	40%	10%	40%	10%
捐赠时间	早	80%	33%	80%	25%	80%	8.3%	80%	8.3%
	晚	45%	33%	45%	33%	45%	17%	36%	17%
净资产收益率	高	73%	13%	82%	13%	82%	0%	64%	0%
	低	50%	40%	40%	30%	40%	10%	40%	10%
净利润	高	73%	10%	73%	10%	73%	10%	64%	0%
	低	40%	25%	40%	25%	30%	25%	40%	25%

(五)研究结论

本书基于新冠疫情发生后在中国和美国上市的互联网平台企业捐赠信息及对应的股价变动情况,按照事件研究法的基本范式,探讨了捐赠行为对企业市场价值的影响。我们认为:以捐赠行为和企业盈利为关键变量开展的分组对比策略,有效助推了企业社会责任与企业价值关系在平台经济和互联网行业中的必要延伸和检验,取得了对理论和现实都有借鉴意义的结论;基于不同制度环境下上市企业累积异常收益率的对比,更是拓展了已有研究的关注点和分析思路,为学术界越来越强调的利益相关者认知视角(Godfrey,2005;Wang,2020)提供了经验证据。

我们发现,互联网平台企业捐赠行为对企业股价的影响会因为处于不同资本市场而产生显著差异,在社会公众和利益相关方普遍认知到疫情危险性、抗疫重要性的市场环境中，更为积极的、更为有力的捐赠对企业市场价值具有更大的正向意义；在此过程中，资本市场对盈利能力较强的企业的捐赠行为也将产生更正面的回应。而在社会公众由于多种原因未能认知到疫情危险性和抗疫重要性的市场环境中，更为积极的、更为有力的捐赠反而对企业的价值产生了较为明显的负面作用。与此同时，资本市场对盈利能力较强公司的捐赠行为表现出不理解，体现出截然相反的"价值损害"现象。也就是说，以捐赠为代表的互联网平台企业社会责任风险防控策略对企业市场价值的影响，具有较为复杂的发生机制，需要依托制度环境和捐赠策略，结合企业实际进行分类思考和精准讨论。当然，我们也注意到，除了本书已经关注的问题，股权结构、政治关联和高管特质等变量也可能对上述关系产生潜在影响，值得在未来的研究中加以关注。

第五章　政府视角下的互联网平台企业社会责任风险防控

在本书研究过程中,全社会遭遇了突如其来的新冠疫情,这给本书的行业调研和学术交流带来了诸多不便。但从另一个视角来看,该影响世界的突发性公共议题也给我们带来了新的探索契机。其核心原因在于,本书始终紧扣新时代商业组织和企业管理的两个关键问题,即技术和创新的影响,以及企业的责任和使命。我们注意到:互联网技术和平台模式已经嵌入社会生产和人类生活的各个方面,提高了效率,带来了便捷;互联网平台企业这一技术与制度创新兼容的产业形态也带来了诸多问题和挑战,拷问着企业的初心和能力。

本章将研究政府视角下的互联网平台企业社会责任风险防控,以期系统全面地完成既定研究目标。

一、互联网平台企业社会责任风险防控的系统化政策建议

新冠疫情发生以来,以电商为代表的互联网平台企业(也包括入

驻平台的企业)以其非接触和精准化的特点逆势发展,在带动消费、稳定就业等方面成效显著,成为保民生、促减贫和稳增长的重要支撑。然而,在线上商机迅猛发展的同时,互联网平台企业社会责任风险也被进一步放大,既包括线上卖家以次充好、虚假宣传和借机炒作等显性问题,也存在平台方审核不严、预警不足和处理滞后等隐性弊端,而直播带货和朋友圈购物等新形式更是为消费者维权带来了新的挑战。因此,进一步加强互联网平台企业社会责任意识和能力,系统改进其履责绩效,亟待引起政府有关部门的高度重视和系统关注。既要鼓励其创新和发展,又要强化其责任和规范。

我们鉴于上述背景,结合平台经济和互联网平台企业的现实作用,从政府主动作为的视角,提出了防控社会责任风险的重要意义和对策建议。

(一)互联网平台企业社会责任风险防控对经济社会发展的重要意义

1. 有助于总结形成平台经济治理的工作经验

近年来,中央一直以来高度重视"放心消费"工作,注重企业社会责任风险共同治理中的政府角色。在共享经济和网络平台日新月异的环境中,特别是在深入推进全面依法治国和《民法典》获得通过的重要时期,有关行业或地方如能在已有工作基础上勇立潮头、持续更新,形成利用法律制度、市场手段和社会力量协同治理互联网平台企业社会责任的工作模式,必将更好地贯彻落实习近平总书记在网络安全和信息化工作座谈会上的重要讲话精神,响应《中华人民共和国国民经济和社会发展第十四个五年规划和 2035 年远景目标纲要》提出的"加快数字化发展,建设数字中国"目标,在新产业、新业态中诠释和延伸新发展理念,形成平台经济国家治理体系和治理能力现代化的行业示范或地方经验。

2.有助于树立"负责任创新"的良好形象

近年来,互联网平台在技术进步和商业模式变革的过程中迅猛发展,已成为数字经济的先锋队和创新创业的新名片。然而,由于产业关联和网络舆论等因素,2018 年以来,部分地区网络金融平台的"爆雷"事件还是给互联网平台企业的外在形象带来了负面影响。因此,有关行业或企业如能有效利用"特殊时期容易形成特殊记忆"的心理学机制,在有关互联网平台出现较大社会责任危机的背景下主动作为,开展有影响力的企业社会责任推进工作,进而形成长效机制,将在一定程度上扭转过往的被动局面,树立起"负责任创新"的良好形象,为相关行业或地区的跨越式发展储备必要的声誉软实力和社会合法性,助推相关地区或行业的数字化转型和负责任发展。

3.更好地引导平台经济将创新创业与共同富裕紧密衔接

在互联网平台企业极大地改变人们的消费习惯、深度嵌入社会生活的背景下,对其加强社会责任理念宣传,引导其全面认知企业社会责任的科学内涵及战略意义,有助于引导广大网络经济参与者更积极主动地分析社会需求,将新业态和新模式与国家共同富裕战略衔接起来,利用数字平台撬动广泛社会主体优势,探索数字经济背景下创造共享价值的模式与路径,实现城市与农村、创新与增收、虚拟与现实的深入融合。特别是通过数字化新兴技术和精准化有效需求的双重导入,进一步放大互联网平台企业社会责任的战略成效,既能够实现种植、制造等产业环节的价值提升以及配套基础设施的整体优化,也将极大地彰显互联网平台企业在经济社会可持续发展中的特殊贡献。

(二)以互联网平台企业为核心的社会责任风险治理策略

1. 制定互联网平台企业社会责任评估体系

在有关行业、地区已构建的企业社会责任评估体系和管理经验的基础上,参考《电商法》《反垄断法》《互联网平台落实主体责任指南(征求意见稿)》《社会责任指南》(GB/T36000)、ISO 三体系认证、联合国可持续发展目标(SDGs)、全球报告倡议组织(GRI)等的评估框架、核心议题和技术指标,以"事前预防代替事后弥补"的理念,主动研究与动态跟踪互联网平台企业的经营环境、运营机制和发展状况,梳理总结其他国家和地区以及国内其他行业的监管经验,建立健全既适用于我国国情又与国际接轨的企业社会责任评估体系,争取做到适度超前、利于执行。

制定互联网平台企业社会责任评估体系应遵循系统性、客观性、平衡性以及过程与结果相结合的原则。具体来说,对互联网平台企业社会责任的评价要覆盖该领域的核心议题,以事实为依据,以资料和数据为证据,并使用尽量统一的计量标准。此外,还可以通过政府评价与委托第三方机构共同进行的模式进行操作,以保证评价过程的科学性和评价结果的客观性。同时,应慎重处理企业的敏感和保密信息,根据法律法规及企业的信息安全需求,对获取的与互联网平台企业社会责任评估体系相关的信息应予以严格保密。此外,还应将指标的设定以及指标实现程度的评价纳入对广大互联网平台企业特别是上市企业的日常监管机制,更好地发挥社会责任评价对企业社会责任绩效的持续改进作用。

在设计评估体系时,评价的内容维度和权重赋予应充分结合互联网平台企业的动态性、异质性、多重角色耦合性等特征。首先,加大对互联网平台企业生态化运营模式认知深度,基于其聚合性与跨边性特征,洞悉潜在的跨市场、跨行业、跨领域的与产品标准和企业战略有关的社会责任维度;其次,关注互联网平台企业的非对称信息基础,重视泄露消费者隐私、流量和信用寻租等新型社会责任缺失现象。尝试探索消除"赢者通吃"、数据垄断、算法技术掩盖垄断倾向等风险隐患的公共政策,强化数字信息审核和伦理风险评估。也就是说,在互联网平台企业社会责任评估体系中需要重视社会责任风险较为凸显的供应源审核与管理、顾客隐私关注与保护、伦理意识和社会道德、信息真实性和规则透明度以及公平竞争和知识产权保护等新型责任维度,并且适度加大这些新维度的权重。

在科学设计互联网平台企业社会责任评估体系的基础上,应形成更完善的责任评估、信息公布和后续监管流程。借助政府公权力与公信力(阳镇,2018),及时对评价范围内的企业进行社会责任评级。可以采用"提出设想—分析现实—系统优化—探索试验—再度优化"的迭代思路,进一步完善评估流程和规则,保障评估的真实性、独立性与透明性。首先,通过效果评价、问题归纳、业内对比和数据分析,逐步完善支持企业社会责任实践的推动制度和激励机制,以达到"随动更新,积极适应"的效果;其次,政策制定主体与职能部门还可以主动地从互联网平台企业社会责任缺失事件中吸取教训,在接收行业从业者和专家学者意见建议的基础上,持续优化并系统改进适用于我国情境的互联网平台企业社会责任评估体系,为世界互联网平台的治理提供"中国方案"。

2. 优化互联网平台企业社会责任信息披露的制度要求

鉴于互联网平台企业社会责任信息披露随意性大、缺失较为严重的现象,充分考虑强制性制度压力对企业社会责任披露意愿和信息质量的影响(吴丹红等,2015),进一步加强对互联网平台企业特别是上市企业社会责任信息披露的制度设计和管控要求。在此过程中,要充分考虑互联网平台企业"数据集中且隐秘于内部""企业—市场双重性"的特点,发挥政府的引导作用和政策放大效应,以做好服务又加强监管为立足点,全面总结已有案例所暴露的各类社会责任问题,由相关主管部门牵头,对消费者、供应商、合作方、社会组织以及监管部门进行充分调研,以《电商法》为基础,综合公司治理、财务信用、食品安全、知识产权、消费者权益、环保保护、安全生产等方面的法律法规要求,系统完善并严格落实互联网平台企业诚信经营和负责任管理信息披露制度,引导互联网平台企业及线上卖家不断优化算法和运营规则,加强责任和伦理审核,实现以他律促自律。

首先,进一步完善互联网平台企业社会责任信息披露的法律规范体系,逐步建立强制性与自愿性相结合的制度要求。针对特定对象,可以引入"不披露就解释"原则,还可以积极发挥行业协会和投资者的监督作用。其次,优化社会责任信息披露的内容,依据产品和服务的类别、运营的性质等,规定最低信息要求,明确必须涵盖的核心议题(罗金明,2007)。既可以强化环保、安全和消费者保护等共性要素,也可以分行业研究指标细节,分析数据的重要性和可获得性(张剑智等,2017)。针对互联网平台企业的大数据杀熟、算法用工偏见、算法共谋等问题,要求平台企业展开算法影响内部评估及披露,以决策过程与决策规则、个人隐私获取与使用范围公开解释说明等形式打破"算法黑箱",促进算法决策透明化。对于部分难以把握的算法,可以通过聘请中立、专业、可信的第三方机构开展算法审计与算法监督,并对评估结果进行披露。再次,丰富和优化互联网平台企业社会责任信息披露的形式。一是鼓励互联网平台企业将社会责任信息结合资产负债表、利润表、现金流量表进行反映,二是鼓励互联网平台企业发布独立的社会责任报告。在此基础上,规范社会责任信息披露的时间要求,根据定期披露和临时披露的不同模式(潘成林,2013)制定差异化的披露指引。最后,大力提升互联网平台企业社会责任信息披露的可信度,强化对信息完整性、平衡性、实质性的要求,做到定性与定量相结合、过程性与结果性相结合,明确指标统计口径或计量方法,注重信息的可比性、周期性和可追溯性;鼓励有条件的企业开展社会责任报告鉴证工作。

3. 建立跨部门联席会议机制,实现协同监管

按照既集中、又分散的原则,从全国和省级两个层面分头建设跨部门的联席会议机制,分别针对具有普遍意义和地区特征的问题进行差异化探索。同时,针对在数字技术迅速发展、互联网平台迅速扩张过程中存在的多头管理、职能交叉、权责不一、效率不高等问题(黄骥,2021),探索建立针对数字经济新业态和新问题的联动管理模式,建立健全协同监管机制,将互联网平台企业社会责任评估体系和信息披露要求等制度约束通过政府监管加以落实。基于不断强化的法律法规体系和不断提升的新问题治理能力,通过多部门监管体系的整合及信息、资源的共享,形成理念一致、协调连贯、相辅相成的制度体系,提高政府对于互联网平台企业社会责任的监管力度与监管效率。

首先,以纵向大贯通的思路,认真梳理分散于市场监督、消费者权益维护、知识产权保护、文明示范建设、劳动权益保障、环境治理、网络信息安全、民政慈善等相关政府部门的企业社会责任治理政策和管理工具。以推进企业社会责任作为衔接和融合各类管理体系的有效抓手,整合政府作为制度规划者、资源组织者、社会服务提供者、监督者以及多元社会主体关系协调者(阳镇等,2020)的多重角色,将企业社会责任的核心思想有机地融入政府政策制定、政策实施与服务、监督管理等工作流程中,形成具有系统思维的一体化治理框架,最大限度实现管理目标和政策渠道的系统耦合。例如,在对上市的互联网平台

企业进行监管时,将市场监督、环境治理、网络信息与安全等部门所获得的社会责任监管数据共享,快速有效地对其失范行为进行曝光或惩罚。浙江省于 2021 年 8 月推出的"浙江外卖在线"作为互联网平台监管模式创新典范,实现了市场监管、公安、人力社保、卫生健康等多职能部门协同治理。与此同时,平台经济协同治理要坚持线上线下一体化原则,实现审批、主管与关键职能部门权责统一,可以通过政府各部门之间的信息共享、抽查鉴定结果互认、联合执法、案件会商与政策协调提升政府工作效率,实现系统性监管,减少重复性措施对互联网平台企业及线上卖家的干扰。

其次,按照横向全覆盖的思路,发挥现有管理体制具备的专业深耕、各司其职、分头推进的机制优势,分类监督快消品、旅游、餐饮、视频、电子竞技、网约车等互联网平台企业细分行业,精准开展相关领域的责任监督和风险管控工作。明确不同细分行业的"底线责任",一是鼓励互联网平台企业主动进行社会责任信息披露;二是设计与其行业性质耦合的监管和惩戒机制,以产业政策进一步助推企业履责。例如:对于快消品行业,监督互联网平台对个人信息的监控,并在已有产品抽查机制的基础上,完善消费者反馈制度,积极收集消费者对于互联网平台企业履责情况或不道德的经营行为的感知;对于旅游及餐饮行业,结合市场监督部门的监管数据,使用人工智能技术,对入驻平台的商户提交的资质资料进行抽查、核验,以此达到对平台准入机制与卖家资质审核实施效果的监督,保障消费者权益;对于外卖平台、网约车平台等需要大量劳动力的平台企业,促使平台披露其劳动人员的工作时间、工作环境,将平台订单分配机制、薪酬机制透明化,并联同劳动权益保障部门,核验此类平台企业劳工权益保障的内容及覆盖范围,开展新就业形态劳动者职业伤害保障试点;对金融与支付平台,创新证券、基金、保险等部门的协同监管模式,完善跨界、交叉型金融产品监管规则,确保依法持牌合规经营,降低金融风险跨产品、跨市场传染的可能性。通过各部门信息共享与协同治理,促使互联网平台企业关注双边用户的权益,同时通过监管对企业潜在的社会责任风险进行及时纠偏,避免互联网平台企业因社会责任缺失事件而"爆雷",确保数据作为一种新的生产要素更好地赋能我国平台经济良性发展。

最后,紧密联系互联网法院,在强化对已有判例分析的基础上,深化对市场活动及市场主体间关系的认知,提高预判能力。针对平台经济的经营模式和发展规律,加强对于"二选一"、大数据杀熟、虚假信息宣传、用户隐私侵犯等社会热点事件的关注,从重大社会责任缺失事件中查漏补缺,将评估体系与《电子商务法》《反垄断法》等相关法律有机结合,以"预警先控"的角色优化行政力量,节约司法资源。

4. 大数据赋能常态化管理

对互联网平台企业社会责任风险进行治理,除了企业端的数据基础和政府端的联动机制,还应该加强顶层设计和方法创新。

首先,深入贯彻落实习近平总书记关于网络强国的重要思想,以久久为功的理念和规划引领的方式,抓紧谋划制定具有全国性或行业整体性的互联网平台企业社会责任战略指引,全面系统阐明互联网平台企业社会责任工作的战略目标、重点工程、具体策略和行动路径,探索性打造互联网平台企业社会责任创新示范;发挥数字技术优势,加强数字化监管的制度支撑,完善针对互联网平台经济的常态化、动态化、非接触式监管机制,推动行业社会责任管控模式的系统性变革。

其次,强化数字化治理和大数据赋能的理念,持续优化监管方法;在及时监测互联网平台公司披露信息的基础上,进一步利用商务部与有关省份共建的网络交易监测平台,采用政府自主行动或购买第三方信息服务的形式,开展数据挖掘、数据比对、数据查验和补充调查等工作,增强监管的及时性、前瞻性和有效性,实现以大数据引领常态化管理的工作机制。例如:对于电商平台,发挥大数据监测的作用,对企业持证开店情况、原始交易数据以及消费者交易评价结果方面进行实时监测;在此基础上,核验企业经营资质材料、比对监测及平台上报的交易情况,对无证经营、虚构交易、损害电商信用评价的企业连同平台进行处罚,减少企业社会责任失范越轨行为。对于算法决策过程体现的"算法不正义"与"算法黑箱"等问题,展开数据与隐私、消费者保护、算法设计等方面的合规审查,实现"常态化监测—问责惩戒"的监管闭环。在数字版权管理方面,可以加强算法优化、人工智能、区块链等技术对监管和治理的支撑,积极开展版权技术存证、版权线上传播信息监测、版权授权记录等工作(吴健等,2016),加强对平台风险的数据挖掘、模拟推演工作,从平台方减少抄袭、盗版侵权资源的生产和二次传播,建立起风险预警监测机制,提高事前、事中监管能力(杨虎等,2014)。此外,可以运用大数据、区块链等数字技术,剖析互联网平台企业复杂的商业模式与组织结构,对平台企业的锁定效应、规模效应及潜在关联企业进行研究,基于此对平台垄断力量进行判断。对于监测中发现的潜在问题,及时引入动态跟踪、专项督查、飞行检查、工作约谈、公开预警和案件披露等管理手段,积极促成规范发展和良性竞争的市场格局。

最后,按照数字化、平台化和协同化的理念,探索建立跨部门的数据共享平台,提升治理行动的及时性和监管政策的准确性,减少互联网平台企业的责任失范和经营越轨行为。一是通过搭建数据中台赋能相关业务应用,消除各部门间的数据壁垒,不断推进资源共享落地应用,实现跨层级、跨地区、跨系统的协同管理与服务,发挥大数据在风险监测和风险预警中的功能。二是坚持数据脱敏和非必要不公开的原则,处理好使用与规范的关系,注重权限管理和分级审批,确保数据使用的合法性和正当性。

5. 推动行业共同治理

充分发挥行业协会及第三方组织的力量,利用行业内的规范压力和企业间的模仿效应,建立并完善行业社会责任标准和管理体系,推动企业社会责任行业治理机制的形成。

首先,强化头部平台的引领和示范效应,由行业或地方主管部门召集相关企业举办社会责任与可持续发展同业交流会,鼓励头部企业分享社会责任演进规律和责任风险管理模型;通过"政府搭台、行业唱戏"的方式,鼓励行业协会或第三方机构组织社会责任风险防控标杆企业学习走访活动,还可借助 5G 和 VR 等技术,形成线上线下联动的常态化交流分享机制;通过政府购买的形式,推动建设企业社会责任知识共享平台,并以政产学研结合的模式建立社会责任案例库,在宣传企业社会责任理念的同时,为社会责任治理模式尚未成熟的企业提供模式参考与创新启发。在此基础上,鼓励头部企业牵头组建企业社会责任联盟,以"1＋N"的模式建立企业社会责任生态化协同化治理机制,进而赋能供应链企业全面履行企业社会责任,进一步扩大头部企业社会责任资源条件、管理模式及经验的辐射范围。与此同时,还可以指导和帮助头部企业及时将带共性特征的履责经验上升为行业共识,形成集体标准或地方标准,鼓励行业协会对其内部成员设立一定的奖惩、激励政策,以有约束力的行业规范进一步推动企业社会责任的普及,避免"劣币驱逐良币"现象的发生。具体而言,可以以行业组织为平台,建立平台算法审查与认证机制,开展平台企业算法的价值导向及对利益相关方的影响评估,尤其是要关注算法决策过程的价值偏离及责任违背等问题;推动行业组织与龙头企业共同制定系统迁移与互联互通标准。

其次,对于跨境电商、直播带货等新业态和新模式,在吸收借鉴大平台管理经验的基础上,着重强化国际、国内主流企业社会责任行为标准。充分挖掘新业态及新模式中潜在的社会责任元素,并基于此鼓励互联网平台企业进行社会责任治理模式创新。例如,针对共享经济模式下的具有较大成长性的平台企业,鼓励其在规模扩张和制度创业的同时,深入反思其商业模式潜在的伦理危机,积极鼓励其挖掘行业优势与特色资源,通过战略性社会责任的模式,实现产业竞争力与责任竞争力的共建共享,构建具有竞争力的责任品牌。而针对具有小而美特点的创业型互联网平台企业,则可以充分发挥其创新能力强的特点,鼓励其基于独特竞争优势在细分责任领域大胆创新有针对性的社会责任风险防控策略,"因地制宜"地进行社会责任治理模式探索。在此过程中,尤其需要推动创业者站在可持续发展与社会福祉提升的视角,深入挖掘乡村振兴、碳达峰、碳中和、人口老龄化、基本公共服务优质共享等社会问题,利用联合国可持续发展目标(SDGs)的理念和方法进行社会需求发掘与商业模式创新;与此同时,还可以积极鼓励第三方机构设立负责任创业投资项目或投资基金,为以可持续发展为核心战略的创业项目牵线搭桥,帮助创业型平台企业解决理念、方法、资源和管理经验造成的企业社会责任建设不足问题。在此基础上,针对该类型企业进行模式及经验总结,循序渐进地孵化新型的、可持续的商业模式与细分行业,并逐步将细分行业的社会责任治理模式在全行业拓展。

最后,出台扶持性政策,培育和壮大各地企业社会责任促进会、网商协会等社会组织和专业力量,使其有能力更好地整合互联网平台、平台入驻商家、行业专家、研究智库和专业性服务组织。充分发挥社会组织或跨企业交流平台的桥梁和纽带作用,一是向上反映互联网平台企业及网络卖家在社会责任实践过程中的困境,积极为政府建言献策;二是推动研究成果与实践经验的有效落地,促进社会责任治理模式的变革与创新。对于平台企业难以解决的负外部性,尤其是新经济形态下出现的消费者权益保护、劳工权益保障等问题,充分发挥行业组织、消费者协会等第三方组织的作用,整合行业公约的自律与第三方组织的他律力量。需要强调的是,应特别注意利用行业整体性契约防控社会责任风险的路径,通过制度体系和行业压力,助推广大互联网平台企业健全交易规则和服务协议,培育守底线、求优质的行业氛围,实现互联网平台公司协同自律、负责任创新的良好目标。

6. 以专业培训助推履责能力跃升

基于互联网平台企业从业者总体较为年轻、管理经验相对欠缺的实际,大力加强专业培训,有效提升互联网平台企业从业人员职业素质和履责任能力。

首先,由主管部门或行业组织牵头制定互联网平台企业首席社会责任官工作计划,并通过政府购买培训服务的方式,加强其在互联网平台领域的社会责任标准、法律法规要求、典型责任议题、责任沟通策略、责任管理工具、社会企业创新等方面的职业技能培训。探索建立与国际接轨的社会责任管理职业资格制度,逐步形成职业能力考核评价制度体系。通过上市企业履责要求和行业监管条例等规则压力,鼓励相关企业形成以设立社会责任管理部和商业伦理评估岗,以及在岗位说明书中增添与企业社会责任相关的工作职责为代表的制度氛围。

其次,以上述工作为基础,明确任职标准、严格从业标准,规范职业行为。强化职业资格和专业培训的系统性与长期性,建立健全职业发展制度规范和实现路径。可以参考上市企业董监高(董事、监事和高级管理人员)定期培训和注册会计师职业化学习的模式,将互联网平台企业从业者的企业社会责任培训纳入强制性职业技能提升计划,推动相关工作的制度化和专业化,产生更大的溢出效应。鼓励行业协会定期召开该细分领域的业务交流会,推动经验交流和制度建设。

再次,按照数据和技术赋能履责、解决现实痛点和鼓励"先行先试"的方针,由政府指导、社会组织具体负责,探索实施互联网平台企业社会责任线上线下融合交流、平台企业社会价值与商业价值协同创造等典型经验推广活动,夯实政府主管部门服务平台经济、促进其规范发展的管理基础。例如,可以由政府牵头举办"责任讲堂",在提供在线课程的同时,鼓励具有扎实理论基础和丰富实践经验的优秀人才组成宣讲团赴各地开展培训和经验交流活动,推动整体氛围的形成。

最后,由政府牵头,联合大专院校、科研机构和行业组织等专业力量,共同开展互联网平台企业社会责任相关研究。例如,可以通过国家社会科学基金、国家自然科学基金和国家软科学研究计划,设置专项或应急研究项目,以此强化对社会责任专业能力提升的理论引领和技术支撑。此外,还可以在政府相关部门成立专家委员会,发挥高层次专业人才在决策咨询中的作用,通过智库研讨和专家提案等方式,深入分析互联网平台企业社会责任管理的形式和任务,探讨进一步推动有关工作的思路与举措。

7. 完善激励机制,加强舆论引导

对互联网平台企业而言,其社会责任建设过程常常表现在对现有管理体系及商业模式的重大变革和内部创新,常常存在企业短期管理成本大幅增加,但收效甚微的状况。因此,为推动互联网平台企业履行社会责任,需要进一步完善激励机制,加强舆论引导,提升参与的积极性。

首先,可以将社会责任监测平台的数据及经第三方审计的社会责任报告作为企业诚信建设和资质评估的核心要素,着力加强行业和地区层面,甚至是全国范围内互联网平台企业社会责任评估结果的跨部门适用性。一是鉴于互联网平台辐射范围广的特质,提升各地区互联网平台企业社会责任评估和报告系统的兼容性与一致性,助力不同地区社会责任评估结果相互认可;二是通过政府部门间的信息共享,大

力推进企业社会责任理念融入信用评级、劳动关系和谐企业考核和平安企业考核等已较为成熟的政府现行管理体制。

其次,对社会责任建设成效突出的互联网平台及线上卖家,在商事、环保、人才、质监、信用、市场准入等领域,提供多种便利机会或审批减免空间。在商事制度层面,进一步贯彻落实放管服改革的核心思想,针对有利于社会福祉提升的具有较大社会绩效的项目,适当放宽登记条件,并为积极推进并诚信报告企业社会责任建设的企业提供项目审批绿色通道,还可以在使用土地、能源、频谱资源等领域提供优先保障权;在环保层面,在政府环境建设项目招投标时,优先考虑企业社会责任表现优异的企业,给予其"先行先试"的机会;在人才引进层面,鼓励互联网平台企业积极参与劳动关系和谐企业评估,开设劳动关系和谐企业高层次人才招聘专场,推动企业以良好的员工福利及员工关怀吸引高层次人才;在质量监督层面,对于信息透明化程度较高、质量监督机制及消费者反馈机制等较为完善的电商平台,适当减少质量抽检频率,形成以消费者监督为核心、以政府监管为辅助的质量监督机制;在信用层面,将企业社会责任纳入企业信用评级机制,并鼓励商业银行、保险公司、担保公司等机构为积极进行企业社会责任建设的企业提供担保。与此同时,考虑到互联网平台企业在社会责任投入大而部分企业资源条件有限的情况,为大力推进企业社会责任建设的企业适当提供税收减免机会,也可通过发放社会责任建设专项津贴等方式,消除企业的建设顾虑,分摊互联网平台企业社会责任建设成本,激励更多的企业以利益相关者至上而非股东利益至上的思想、以可持续发展的目标开展创新创业。

再次,对于形成较好管理工具和工作方法并实现正向溢出的互联网平台企业,给予必要的鼓励和表彰。具体而言,可以设立不同层级的企业社会责任奖,将高效的管理模式及管理经验编入定期发布的全国或地区性的社会责任白皮书,在资金、人才、场所等方面支持表现突出的大型互联网平台企业建立社会责任示范基地。此外,还可以政府购买服务的形式推动行业协会或第三方机构组织社会责任标杆企业走访、经验分享座谈等活动。通过企业间的模仿、学习,树立履责绩效较好的企业在行业内的口碑,增强企业社会责任建设的成就感,也推动行业内其他企业进一步参与社会责任建设。与此同时,大力助推社会责任表现优异的企业将其社会责任标准和管理模式推广到其供应链,实现平台端引领供给端,助力线下实体产业转型升级。例如,建立供应链社会责任负面清单,将社会责任要求纳入供应商准入机制,通过平台活动为负责任的供应商引流。此外,还可以通过企业社会责任在供应链中的广泛实施,赋予具有引领作用的标杆企业在社会责任规则及标准建设中的影响力,实时性增强其对供应商的议价能力。

最后,发挥官方权威媒体公信度高、影响力大的特点,综合使用报纸、广播电视等传统媒体以及新闻平台、社交平台等新媒体的渠道,加大宣传力度,扩大影响范围。既可刊登、播放企业社会责任公益广告,培育共益型企业家精神,也可宣传典型示范案例。一是通过对企业社会责任理念及管理模式的宣传,为正在建设中的企业提供良好的个案借鉴途径;二是通过切实可行的方案及管理经验鼓舞人心,以点面结合的思路形成舆论氛围,为企业社会责任领域"先行先试"的互联网平台企业营造较好的市场口碑和社会形象。

二、地方政府推动企业社会责任的发生机制解析

我们认为,总体而言,企业社会责任是一个新生事物,即使已被逐步宣传,但仍存在短期内无法迅速被广泛接受的认知合法性问题,也

可能发生现有政府架构和部门职能无法精准支撑的操作困境。要做好互联网平台企业社会责任风险防控,除根据其基本概念、典型维度和具体问题提出系统化的对策建议(参见本书第四章),还应充分考虑政府认知和应对社会责任问题的现实可能性,只有深入挖掘政府推动企业社会责任的发生机制,才能更有效地助推治理体系的优化和管理对策的实现。这也是本书在与同类研究进行对比的基础上,进行的积极思考。

鉴于国家尚未针对企业社会责任特别是互联网平台企业社会责任风险制定全局意义的法律法规,且针对上述议题,地方政府在具体施政过程中具有较大的选择机会和裁量空间,因此,本书以地方政府为对象,开展了探索性研究。

(一)引 言

企业在追求股东利益最大化的同时,应关注和回应利益相关方的诉求,履行法律、伦理、慈善等维度的义务和责任,近年来已成为社会各界的普遍共识。与此同时,随着联合国可持续发展目标(SDGs)在我国的持续推广,以及"绿水青山就是金山银山"在各地的广泛实践,促进经济社会的可持续发展而非单一追求 GDP,也已经成为中央及各级地方政府政策创新的重要目标。因此,提升本地企业的社会责任实践能力,进而提高区域内的经济发展质量和社会和谐程度,符合政府的角色定位和工作方向。在实践中我们也发现,上海、江苏、浙江和深圳等地已出台了指导意见、标准指南和行动纲要来落实有关工作;这也与一些学者提到的"企业社会责任的落地迫切需要地方政府的重视、配合与执行"的观点一致(耿曙等,2016;盛斌等,2009)。然而,企业社会责任即使已被逐步宣传,但仍存在短期内无法迅速被广泛接受的认知合法性问题,也可能发生现有政府架构和部门职能无法精准支撑的操作困境(周霞,2010)。同时,第四次工业革命带来的新问题、新产品、新商业模式急需监管方式的敏捷化创新,以应对动态风险和责任管理问题(江小涓和黄颖轩,2022)。对此我们已发现,在现实情境中,地方政府支持和推进企业社会责任的力度体现出非常强的地区差异性,有的已在"练习跑步",有的还在"蹒跚学步"。因此,系统揭示地方政府推动企业社会责任的促发条件和发生机制,解释不同地区之间的行动差异,破解宏观逻辑和微观实践之间的非同步性,理应成为相关领域研究的重要问题。

但是,上述研究目标的实现却并不容易,亟待学科的交叉和方法的更新。首先,从学科领域来看,尽管政府推动企业社会责任的履行属于政府创新的范畴并被公共管理领域的学者所关注(郝唯真和张华,2015),但由于研究传统的差异,以企业社会责任为焦点的相关研究仍十分不足,仅周霞(2010)、邓泽宏和何应龙(2010)等少数研究进行了探索性分析,且多以政府角色的理论分析或具体推进策略为主,缺乏对差异化结果发生机制的深度剖析;此外,囿于数据可得性等因素,包括实证研究在内,以往针对政府创新所开展的研究更多聚焦于省级层面(卞元超等,2019),针对与企业和民生联系最直接的县级层面的研究较为缺乏。而在企业管理领域,尽管已有许多学者提出政府规制压力是促使企业以负责任姿态开展经营活动的重要因素(Campbell,2007),并认为政府不仅是推动经济发展的核心力量,也是推进环保等社会责任议题的核心角色(Wang et al.,2018);但制度性因素只是该类研究的外生变量,隐藏在政府差异化行动背后的驱动机制仍然是有待揭秘的黑箱(Walker,2006)。因此,融合公共管理和企业管理的理论视角和分析思路,或许是一个值得尝试的路径。其次,从方法论和可操作性而言,政府推动企业社会责任的影响因素是多重并发的(Vallentin,2015;Aguilera et al.,2007),因此,需要研究者解决现实问题与研究方法的不匹配问题,找到基于集合的多因素组合分析方法,而非基于边际的净效应探索方法。但从既有文献来看,上述思路在这一议题中的应用鲜有先例。①

　　基于上述分析,本书将融合政府创新理论以及利益相关者对企业社会责任的影响等文献,利用较为适合开展整体效应研究的模糊集定性比较分析方法(fsQCA)(Ragin,2009;杜运周和贾良定,2017),基于浙江省 89 个县(市、区)的经验数据,对地方政府推动企业社会责任的发生机制开展探索性分析,从而为该问题的差异化结果提供有解释力的分析框架,弥补已有认知的不足,也为政策体系的优化提供理论支持。

(二)文献回顾和分析框架

　　已有学者指出,地方政府缺乏的并不是创新的意愿和激情,而是有待发掘的机遇和条件(陈朋,2016)。对此,本书也注意到,许多学者提出了政府创新有赖多个因素综合作用的观点。例如:Kern(2011)认为,政府的系统性创新是理念、政策和利益交互作用的结果;李兆友和董健(2014)提出了影响政府创新的政治、政府和社会三种因素;陈朋(2016)归纳了结构化、个体化和事件性的分析思路;杨雪冬(2008)强调了政府官员的动机、能力和职位变化。在综合考虑现实情境和理论机制的基础上,我们认为,Walker(2006)提出的包含外部环境因素、组织特征因素和创新激励因素的分析框架具有较好的概括性与系统性,可以将其思路与 Kern(2011)、陈朋(2016)以及李兆友和董健(2014)的观点相整合,从而将地方政府推动企业社会责任履行的理论模型归

---

　　①　我们认为,较难获得地方政府推动企业社会责任的量化数据,也是学术界开展相关研究的重要限制性因素。

纳为外部环境、组织条件以及政府创新动力三个支柱(见图 5-1)。其中,外部环境包含外向型经济水平和地区创新能力,组织条件包含政府创新经验、政府工作效率和政府透明度,政府创新动力主要指官员创新积极性。需要强调的是,在上述分析框架的构建及其具体推理过程中,基于公共管理的政府创新驱动理论和基于企业管理的社会责任实现机制值得被协同考虑(Campbell,2007;Aguilera et al.,2007),前者是基本逻辑,后者是内在支撑。

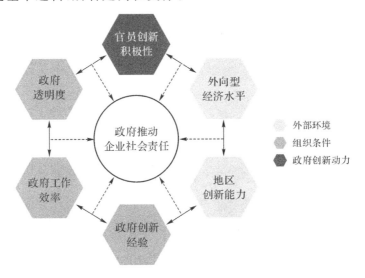

图 5-1 地方政府推动企业社会责任履行的理论模型

1. 外向型经济水平

按照组织社会学新制度理论的观点,外部的社会压力将对组织行为产生形塑和驱动的作用,而且按照 Clark and Mueller(1996)的研究证据,这种压力不仅来自本地,更可能来源于国际市场,有影响力的国际买家可以对国际供应链进行强制控制,其主要表现即是对社会责任提出要求(Galbreath,2019)。例如:Huges(2000)介绍了肯尼亚的花卉供应商被要求满足英国主要零售商对生产过程和质量的严格要求;Pinkse & Gasbarro(2019)关注了国际贸易对环境的负面影响。我们认为,在外向型经济水平较高的地区,相关制度压力可以通过两种路径传导给地方政府。首先,在外向型经济较发达的县(市、区),地区生产总值和财政收入与出口有密切联系,地方政府为推动经济发展,会直接关注和了解促进出口的关键因素,进而及时出台推动企业社会责任建设的各项措施;其次,考虑到社会责任对成本的压力,在部分企业受跨国买家影响而率先垂范的前提下,这类企业可能反向鼓励政府出台面向同类型组织的履责要求,从而避免因其管理先行而产生的成本劣势。基于上述分析我们认为,外向型经济水平是地方政府推动企业社会责任履行的重要因素。

2. 地区创新能力

现代社会是一个开放的复杂系统,行政治理绩效的高低在很大程度上取决于政府与公民、企业及非政府组织的合作(金太军,2008)。可以说,外部技术环境的变化显著加大了行政部门的创新压力,改变着政府对其职能和作用的理性认知(Vallentin,2015)。与上述观点相类似,已有一些学者关注了外部创新环境和技术进步对行政发展的作用。例如,颜佳华和周万春(2014)提出,技术进步和创新成果可以通过渗透、传导、扩散的机制为行政领域所用,带来行政观念、体制机制和操作方法的变革。因此,我们有理由相信,推动企业以负责任的方式开展经营活动仍然是一种较为前瞻的发展理念(Wang et al.,2018;耿曙等,2016),在创新氛围较好、创新能力较强的区域,通过政学研协同的实践模式,由外到内的培养机制(Vallentin,2015)将更有可能发生,甚至产生崭新的责任生产力。至于上述过程的实现方式,既可能包括技术服务和技术支撑带来的官员信息量扩大这一直接路径,也可能包括行政部门吸收能力和学习效率提升的间接路径。

3. 政府创新经验

既有工作经验对组织的价值已被许多学者关注,并衍生了组织学习理论。该理论的核心观点认为,组织通过汲取更好的知识,优化此后的行动效果;组织学习形成的历史经验不仅有益于当前,还会对未来的成员产生影响。例如在企业管理领域,Rhee & Kim(2015)提出,以往的经验是累加的知识和能力,具有记忆效应,可以加速组织演化,将对组织后续发展产生积极影响。当然,上述现象在公共管理领域也普遍存在。例如,李兆友和董健(2014)提出,必须改善组织内部的沟通效果,更好地发挥前期经验在组织创新生成、实施和扩散各阶段的关键作用。具体而言,关于政府创新经验对推进企业社会责任履行的作用,我们认为可能存在两种潜在的机制:一是已有创新经验为政府推动企业社会责任提供了更好的决策机制和能力结构(颜佳华和周万春,2014);二是既有创新经验为政府推动企业社会责任奠定了良好的自我效能和改革信心基础(李兆友和董健,2014)。此外,我们还可以将 Vallentin(2015)批评丹麦政府不学习既有社会责任治理经验视为上述机制的反例。基于上述分析我们认为,开展创新工作的经验是地方政府推动企业社会责任履行的重要因素。

4. 政府工作效率

与工作经验关注组织内部的学习能力和知识累积不同,政府工作效率主要考察政府活动的速度和投入产出比,关注地方政府对上级政策的执行力度。已有许多学者关注了效率对政府创新的重要意义。例如高翔(2020)提出,提高公共管理效率有助于优化制度供给和服务质量,从而满足人民群众对美好生活的需要。我们认为,鉴于推动企业履行社会责任这一议题与习近平总书记提出的"更高质量、更有效率、更加公平、更可持续的发展"①的核心思想相一致,我们可以从资源有限背景下的政府执行力视角来理解工作效率对地方政府推动企业

---

① 习近平在学习《胡锦涛文选》报告会上的讲话[N].人民日报,2016-09-30(02).

社会责任履行的影响机理。也就是说,尽管地方政府是上级政府的代理人,但只有高效率,才能确保地方能迅速结合本地实际,将上级确立的发展理念和政策目标更快地付诸实践。这也是除了利益因素以外,上下级"目标—行为"差异的重要原因。特别对于企业社会责任这一让基层政府官员普遍感觉陌生,又无直接对应主管部门的新课题而言,高效率的研讨决策机制、资源配置机制和内部联动机制,就显得更为关键。

5. 政府透明度

政府透明度是影响社会治理的重要因素,它的实质是政治信息的公开性和公民知情权(俞可平,2005),被许多学者认为是善治(good governance)的重要部分。在国家治理体系建设和治理能力现代化不断推进的背景下,政府透明度已越来越被社会各界所重视,甚至被认为是地方政府是否具备较现代治理理念的信号。也就是说,透明度高的地方政府将更可能强化法治精神和规则意识,回应人民和社会的诉求,履行经济调节、市场监管、社会管理、公共服务和生态环境保护等与企业社会责任密切相关的职能。因此,基于金太军(2008)和曹山河(2005)提出的政府创新过程必然要受到行政系统内一定思想、观念和情感持久影响,且这种影响巨大而持久的观点,我们有理由相信,透明度高的地方政府更容易适应不断变化的经济政治环境,能更好地厘清政府和市场、政府和社会关系,从而助推经济社会可持续发展。此外我们还可以想象,考虑到社会信任度和接受度问题,透明度较高的地方政府也将有更强的公信力来实现有关目标。

6. 官员创新积极性

已有许多学者关注了官员的工作积极性在政府创新中的作用(陈朋,2016)。他们普遍认为:政府由人组成,他们的自身利益或偏好会影响施政方向（耿曙等，2016）；要考虑官员个人的主观积极性和政治发展机会（杨雪冬，2008）。我们认为，上述思路反映了公共管理激励制度的基本特点和官员发展的固有特性。也就是说，创新固然可能源于政府改善公共服务的良好愿望，也可能来源于政绩创造的理性计算（陈朋，2016）。毕竟，如何在政绩考核中占据有利地位是官员在仕途中必须面对的现实。特别是在无明确任期制的背景下，许多官员存在刚一到任就加码拼搏的现象（耿曙等，2016），而这也与卞元超等（2019）提出的"为创新而竞争"的结论一致。值得关注的是，在越来越强调领导干部年轻化的制度氛围下，官员年龄越大，其晋升机会也相对越小，做出创新型政绩的动力也越弱（耿曙等，2016）。因此，当地方官员面对推动企业社会责任履行这一需花费大量精力重新学习的新议题时，年龄将起到关键作用。

（三）研究方法

1. 研究设计

考虑到定性比较分析方法（QCA）综合了定性、定量研究方法的优势，在较大程度上解决了回归分析难以处理的条件变量间的组合关系影响结果变量的问题，能够帮助研究者建立更为多样的也更具现实解释力的理论模型（张明和杜运周，2019），本书利用上述工具，检验外向型经济水平、地区创新能力、政府创新经验、政府工作效率、政府透明度和官员创新积极性等六个因素对地方政府推动企业社会责任履行的联动影响效应。在具体实施策略中，鉴于多值间隔刻度（mvQCA）和二分式清晰集（csQCA）可能存在结果暗示与支撑薄弱的问题（Schneider & Wagemann，2012），我们采用了粒度更细的模糊集定性比较分析方法（fsQCA），从而在提高检验结果可信度的同时，更敏锐地捕捉前因条件变化引起的结果差异(Ragin,2000)。

2. 数据来源和操作定义

本书采用多来源的二手数据开展研究(见表5-1)。在结果变量方面,我们采用了浙江省2017年度"平安浙江"考评体系中的企业社会责任工作成效[①]作为数据来源,在较大程度上保证了数据的权威性和真实性。在条件变量方面,我们也基于相关文献并结合较为可靠的二手数据源进行了系统设计。在外部环境方面,我们分别借鉴了Galbreath(2019)和鲁元平等(2018)的研究基础,将地区出口总额占地区生产总值的比例以及地区专利申请授权量分别设定为外向型经济水平和地区创新能力的操作变量,其数据来源于浙江省以及浙江省各地级市的统计年鉴。在组织条件方面,首先,我们借鉴孟庆国(2015)对简政放权在政府职能创新中关键作用的分析,依托浙江省公共政策研究院的《2016年度浙江省政务环境评估报告》,将浙江省各县(市、区)政府简政放权指数作为政府创新经验的操作变量。其次,我们借鉴夏书章(1996)和唐任伍等(2011)提出的公共管理过程中以较低的成本、较少的资源实现预定目标的观点,依托浙江省公共政策研究院的研究成果,以浙江省各县(市、区)12345投诉办结指数作为政府工作效率的操作变量。再次,我们借鉴马亮(2016)的操作办法,依托浙江省公共政策研究院的研究成果,以浙江省各县(市、区)政府信息透明度指数作为政府透明度的操作变量。最后,在创新动力方面,我们结合耿曙等(2016)和周黎安(2007)对地方政府官员年龄与晋升激励关系的分析思路,并根据Bo(2002)对地方党委书记在决策中扮演关键角色的建议,将浙江省各县(市、区)党委书记的年龄作为官员创新

① 2017年度"平安浙江"考评体系中的企业社会责任评价部分由浙江省企业社会责任联席会议办公室根据相关办法及浙江省89个市(县、区)的上报材料,召集专家组进行系统评估后产生。

积极性的操作变量,数据来源于中国地方政府官员数据库。

表 5-1 主要变量的描述性统计结果

变量名称	平均值	标准偏差	最小值	最大值
政府推动社会责任的评分	88.86	7.11	72.00	100.00
外向型经济水平	9.50	12.45	1.00	61.00
地区创新能力	2444.89	2285.93	133.00	12223.00
地方官员创新积极性	49.69	3.90	40.00	57.00
政府创新经验	67.82	7.41	42.00	81.00
政府工作效率	51.92	16.55	1.00	87.00
政府透明度	86.57	7.31	64.00	98.00

3. 将变量校准为集合

依据 fsQCA3.0 软件的标准分析过程,本书运用直接法对条件变量和结果变量进行了校准。参照 Schneider & Wagemann(2012)的方法,我们赋予变量集合隶属分数(在 0 到 1 之间)。正如杜运周和贾良定(2017)强调的,在确定完全不隶属、完全隶属和交叉点的过程中,必须依托一定的理论或实际知识,例如,可以运用外部数据或依托特定行业的专业知识进行判断(Mendel & Korjani,2012)。然而,就我们的检索来看,已有研究在该问题上的操作无论是在方式上还是在取值上,都不尽相同。对此,本书借鉴 Misangyi & Acharya(2014)的工作经验,确立了运用百分制分位数作为门槛值界定方式的操作思路,并参考相近研究领域的具体实践,最终确定以 50 分位为交叉点、以 75 分位为完全隶属的阈值、以 25 分位为完全不隶属的阈值。① 值得补充

---

① 鉴于本书考察的条件和结果变量基本都属公共管理研究议题的范畴,按照杜运周和贾良定(2017)提出的"基于理论和实际知识作为校准的依据"的建议,我们仔细参考了研究议题所在地区的上级政府对政府创新议题或考核指标的评价标准,即被界定为较好或较差的比例。本书发现,25%这一评价标准较为常见。例如,在 2020 年 3 月 16 日召开的浙江省全省制造业高质量发展大会中,浙江省政府与 22 个县(市、区)签订了制造业高质量发展示范县(市、区)创建书,占四分之一强。

的是，本书还参照 Mendel & Korjani（2012）的方法，做了"X-Y PLOT"图检验，得到了 S 形图像，从而确保了校准后的隶属分数与原值保持较好的对应关系。表 5-2 总结了各条件变量与结果变量的校准信息。

表 5-2　条件变量与结果变量的校准信息

变量名称	校准		
	完全隶属（≥75 分位）	交叉点（50 分位）	完全不隶属（≤25 分位）
政府推动企业社会责任履行评分	93	88	84
外向型经济水平（exportfz）	10	4	2
地区创新能力（patentfz）	2553	1514	604
官员创新积极性（agefz）	48	50	53
政府创新经验（adminfz）	62	54	39
政府工作效率（transfz）	73	69	64
政府透明度（publicfz）	93	88	81

（四）数据分析

1. 单个条件的必要性分析

参考 fsQCA 的基本分析流程，我们在变量取得模糊集隶属度分数后，检验单个条件及其非集是否构成结果变量的必要条件。本书根据 Ragin（2008）的建议，将 0.9 作为一致性水平的控制阈值。从表 5-3 我们可以看到，前文所述六个因素（及其非集）都无法单独成为政府推动企业社会责任履行的必要条件，而这也与我们在理论框架中提出的观点一致。[①]

表 5-3　必要条件分析结果

条件变量	政府推动企业社会责任履行评分		条件变量	政府推动企业社会责任履行评分	
	一致性	覆盖度		一致性	覆盖度
exportfz*	0.571236	0.629263	adminfz*	0.525017	0.583978
exportfz**	0.482387	0.493799	adminfz**	0.530177	0.537901
patentfz*	0.569890	0.612786	transfz*	0.466682	0.487576
patentfz**	0.487996	0.511163	transfz**	0.590307	0.636429
agefz*	0.547678	0.565570	publicfz*	0.489118	0.516710
agefz**	0.492708	0.537708	publicfz**	0.562486	0.599617

注：* 表示条件存在，** 表示条件缺席。

2. 条件组态的充分性分析

与单个条件的必要性分析不同,条件组态的充分性分析是探索该条件组合代表的集合是否为结果集合子集的过程,它是通过真值表构建开展布尔最小化运算而实施的,需要确定案例频数阈值和一致性阈值。首先,在频数阈值方面,我们根据样本规模,借鉴 Mendel & Korjani(2012)和 Schneider & Wagemann(2012)的建议将其设定为 1。其次,在一致性阈值方面,我们在吸收已有研究经验的基础上,根据本书并非大样本的实际,借鉴 Mendel & Korjani(2012)的标准,将 0.8 设定为真值表的一致性阈值。[②] 此外,考虑到已有研究并未对何种条件组态更能有效推动企业社会责任履行做出理论或实证的分析,我们参考 fsQCA 的软件预设,在中间解的操作中选择条件"存在或缺

[①] 按照 Ragin(2008)以及张明和杜运周(2019)的观点,在做单个条件的必要性分析前应开展子集/超集分析,并分析条件变量的组合(或其超集)的一致性是否大于 0.9;如是,则应将其视为必要条件而纳入单因素必要性分析。经检验,本书未发现该现象。

[②] 不同文献对此有不同的建议,例如:Schneider & Wagemann(2012)认为充分性的一致性水平应当高于 0.75;Kraus(2018)认为高于 0.8 的一致性阈值才是合适的。我们赞同张明和杜运周(2019)的总结,不能将一致性阈值的设定理解为机械的过程,需要综合考虑多方面的因素,如研究目的、分析层次、数据质量和案例总数等;当样本规模较小时,一致性阈值可适当高一点。

席",这也与张明和杜运周(2019)的操作细节相一致。

与已有研究相同,我们结合中间解与简约解进行理论构型和结果报告(张明和杜运周,2019;Fiss,2011)。一般而言,若某个变量同时存在于简约解和中间解,则表示核心条件,用大圆表示;若该变量只存在于中间解,则表示辅助条件,以小圆表示;实心圆表示条件存在,空心圆表示条件缺席,空格表示模糊状态(即该条件可存在也可缺席)。研究结果如表 5-4 所示。

表 5-4　政府推动企业社会责任履行的条件组态

变量		组态 1a	组态 1b	组态 2	组态 3	组态 4	组态 5
外部环境	外向型经济水平	●	●	•		●	◎
	地区创新能力	◎		●	•	●	◎
组织条件	政府创新经验	●				◎	
	政府工作效率	•	○	◎	◎	◎	●
	政府透明度	◎	○		◎	●	●
政府创新动力	官员创新积极性	●	○	◎	●		●
一致性		0.8309	0.8750	0.8686	0.8612	0.8792	0.8323
原始覆盖度		0.0628	0.0911	0.2268	0.1308	0.1829	0.0935
唯一覆盖度		0.0224	0.0251	0.0583	0.0758	0.0451	0.066
总体解的一致性		0.8595					
总体解的覆盖度		0.4954					

注:●表示核心条件变量出现,•表示辅助条件变量出现;◎表示核心条件变量不出现,○表示辅助条件变量不出现。

从表 5-4 中可以看到,fsQCA 共呈现了六种组态,其中,组态 1a 和 1b 的核心条件相同,只是在辅助条件上有所差异。上述研究结果的总体评估指标均达到或超过了既定标准。例如,在一致性方面,各组态的一致性与总体解的一致性均显著高于 0.8,而总体解的覆盖度接近了 0.5。因此,该结果可视为地方政府推动企业社会责任履行的充分条件组合。从影响要素(横向)来看,所有变量均可能是某种条件组态中的核心要素,这在一定程度上验证了我们的理论预想;但我们也发现,并不存在一个各处皆必需的条件,地方政府推动企业社会责任履行有着较为复杂的机制。从各个组态结果(纵向)来看,组态 2 的原始覆盖度最高(0.2268),fsQCA 结果显示,其覆盖了 10 个案例;组态 4 的原始覆盖度次之(0.1829),覆盖了六个案例;组态 3 的原始覆盖度再次之(0.1308),但其唯一覆盖度却较高,覆盖了四个案例。原始覆盖度较低的是组态 1a、组态 1b 和组态 5,分别只覆盖了一个、三个和一个案例。鉴于表 5-4 展现出的复杂影响关系和丰富理论内涵,本书将进一步讨论和阐释。

3. 稳健性检验

随着 fsQCA 应用的扩展,学术界对其结果稳健性的关注度不断提高(张明和杜运周,2019;Mendel & Korjani,2012)。但就文献检索来看,其操作方法和具体程序尚未统一。Mendel & Korjani(2012)指出,并不建议将反向结果作为稳健性检验的方式;在此基础上 Skaaning(2011)认为,如果采用改变锚点(尤其是交叉点)的方式展开检验,容易造成对原组态结果与稳健性检验结果的误解。值得注意的是,Skaaning(2011)提出了改变频数阈值与一致性水平进行稳健性检验的方法,认为其有助于提高汇报组态的科学性与可信度,对案例分析亦有益处;且上述检验方法与 Ragin(2008)的思路一致。[①] 因此,本书基于该方法开展了稳健性检验。在第一次检验中,仍将频数阈值设定为 1,但将一致性阈值由 0.8 上调整至 0.85[②],所得到的检验结果

---

① Ragin(2008)的总体思路是,在改变一定参数的前提下使用原分析方法后,结合组态嵌套情况、拟合参数差异和特征案例覆盖三个角度进行分析。

② 我们注意到,即使不进行稳健性检验中展示的更为严格的一致性阈值控制,0.8 也是同类研究中较高的控制标准。

E1 共包含三个组态结果。在第二次检验中,仍将一致性阈值设定为 0.8,但频数阈值由 1 升至 2,得到的检验结果 E2 也包括三个组态。

理论上,提高一致性阈值或频数阈值后,真值表行数将不可避免地减少,总体覆盖度也必然有所下降。因此正如我们所预期的,E1 和 E2 两个稳健性检验的组态数量相比表 9-4 有所减少,但相关结果仍彰显了已有结论的可靠性,这体现在三个方面。第一,经过比对,两个稳健性检验结果仅各比原结果少了一个社会责任驱动类型①,且条件组合的变化也在 Ragin(2008)提出的可接受范围内。第二,E1 和 E2 两个结果无论是各个组态的一致性还是总体一致性,抑或在覆盖率上,均与同类型研究如 Fiss(2011)相似。第三,E1 和 E2 与原结果的覆盖案例对应也较为一致。基于上述分析我们认为,本书的结果具有较强的稳健性和鲁棒性。

(五)进一步讨论

从表 5-4 中我们可以看到,现实中存在多种诱发地方政府积极推动企业社会责任的条件组合,这也印证了张明等(2019)提出的殊途同归、多重并发的观点。为深入解析 fsQCA 的数据结果,我们综合两个步骤进行组态归并和类型分析:第一步,参考同类型研究的思路,以相同条件变量为依据进行初步归并;第二步,结合前文提出的理论框架,对归并结果进行逻辑印证和阐释。本书共归纳了四种促发类型。

1. 外部环境激发型

我们发现,虽然组态 2 和组态 4 在政府透明度这个条件上存在差异,但两者之间也并非相互排斥(该条件组态 4 中为存在,组态 2 中为

---

① 根据比对,E1 减少了外部环境激发型,E2 减少了政府条件完备型,各种类型的具体阐释请见后文。

可能存在可能不存在);更重要的是,除上述因素外,两个组态都存在地区创新能力较强和外向型经济水平较高这两个条件,且两者案例重复度也较高(重复案例分别占 5/10 和 5/6),因此本书将其归并为一类。我们根据共同存在的两个条件均系外部环境因素的实际,将其命名为外部环境激发型。也就是说,即使工作效率和创新经验等政府条件并不突出,或者政府官员的创新动力不够明显,只要该地区存在较多的创新资源,且拥有外向型经济水平较高的环境,也可能出现政府大力推动企业社会责任履行的结果。特别值得关注的是,组态 2 和组态 4 涌现出的案例最多,而这也与浙江省外向型经济水平以及部分地区创新能力较强的实际相符。例如,覆盖案例中包含的浙江省台州市路桥区和浙江省宁波市鄞州区就是典型代表。这一结果体现了制度基础观强调的特定利益相关者对组织行为的规范压力和倒逼机制,以及创新所在地资源条件的关键作用(杨雪冬,2008),还呼应了外部压力会加速甚至"逼迫"政府创新的观点(吴建南等,2007)。本类型与郁建兴和黄飚(2017)归纳的以外部强制性为动力要素的设计试验型创新具有较强的相似性。而其现实表现,正如郝唯真和张华(2012)指出的,地方政府与国际组织、行业协会和专业机构的对话,加速了企业社会责任在中国的有效履行和本土化创新。

2. 政府条件完备型

与组态 2 和组态 4 的关键条件来自组织外部不同,组态 5 的前因条件变量主要凸显了本书理论框架中提出的组织条件和官员创新积极性两个因素。我们基于上述要素来源于地方政府及其组成人员的实际,将其命名为政府条件完备型。也就是说,即使没有明显的外部制度压力和诱发情境,在政府具备善治和法治理念,拥有较好的内部创新机制和迅捷的工作模式的情况下,如果政府官员也具备较强的创新积极性,那么地方政府积极推动企业社会责任履行的结果也会自然产生。在实践中,我们分析覆盖案例后发现,该类型的典型代表即是浙江省杭州市临安区。当然,正如我们从该类型所覆盖的案例数最少的现实中可以看出,同时具备多个条件的现象可能并不常见,抑或这样的涌现机制相比其他类型将更为缓慢。不过,上述类型的出现还是引发了有益的思考,它一方面验证了李兆友和董健(2014)提出的组织内部生态释放出的功能是政府创新的关键以及金太军(2008)提出的政府创新存在政府内结构性力量的思路,另一方面也充分说明了政府提出的治理体系和治理能力现代化在以推动以企业社会责任为代表的营商环境优化工作上的重要作用。正如邓泽宏和何应龙(2010)所指出的,地方政府有效打通规制、促进、合作和支持等路径,发挥约束、激励、响应、认同等机制,有助于促使企业与社会和自然的关系更为协调。

3. 内外因素耦合型

虽然前两种类型已初步显示了政府推动企业社会责任履行的机制具有多因素融合的特点,但其结果仅凸显了外部或内部视角中的一类,组态 1a 和组态 1b 则在传承 Walker(2006)已有研究思路的基础上,体现出更丰富的条件整合特征。组态 1a 和 1b 都包含了外向型经济水平较高和政府创新经验丰富这两个核心变量,这既凸显了政府外部制度环境的刚性诉求,也体现出政府内部创新经验的软性支撑,因而展现了内外要素联动的特点。基于此,我们将其命名为内外因素耦合型。当然,上述两种组态也有一定的差异,即地区创新能力在组态 1a 和组态 1b 中表现出不同的存在性。在组态 1a 中,在同样的核心条件下,如能辅以一定的政府工作效率和官员创新积极性,则外部创新能力可以作为不存在的核心要素;在组态 1b 中,如辅助条件不存在,地区创新能力的作用将显得较不确定。理论上,该类型一方面验证了李兆友和董健(2014)提出的在社会本位的政府创新过程中,政府不再是唯一的主体,人民与相关利益团体等也是政府创新局中人的观点,也体现了胡宁生和戴祥玉(2016)提出的内外两种力量协同推动地方政府治理创新的思路;实践上,这种模式较清晰地反映了部分县(市、区)政府的创新获得成功的典型经验,并以覆盖案例包含的宁波市奉化区、丽水市缙云县以及杭州市西湖区为代表。此外,内外耦合因素推动企业社会责任发生类型的提出,在一定程度上还对陈家喜和汪永成(2013)提炼的地方政府创新发生机制给予了有益补充,即在上下逻辑的基础上,还值得研讨内外逻辑,也显示了杨雪冬(2008)论证的经济发展特征和制度资源禀赋对政府创新产生的深刻影响。

4. 创新持续涌现型

组态3展现了另一种诱发政府推动企业社会责任履行的条件组合类型。它没有组态2和组态4较为明显的外部诱发机制,缺乏组态5展现出的十分充分的政府组织条件,也不存在内外耦合的特定条件组合,在政府工作效率和政府透明度两个(核心)条件缺失的情况下,包括了较强的官员创新积极性以及较充分的政府创新经验两个核心条件。我们认为,该组态的特点在于,较为清晰地展现了前三种类型并不十分突出的官员创新积极性这一维度。也就是说,如果某地区已有一定的政府创新基础,即使其他政府内部条件尚不充分,只要地方官员有做事的激情,能够持续创新,并辅以一定的外部创新资源,仍能表现出较好的创新成效。鉴于上述信息,本书将该组态命名为创新持续涌现型。我们认为,该类型充分体现了浙江省部分地方政府具备的在总结经验基础上持续开拓、充分利用资源"先行先试"的实干作风,与艾赫克(2006)提出的高度重视行政官员的个人意愿和利益诉求在政府工作创新过程中的重要作用思想一致,并在一定程度上验证了官员间良性竞争的潜在效应(Mendel & Korjani, 2012;卞元超等, 2019),属于地方政府创新自主探索型,具有自我证成的正当性(郁建

兴和黄飚,2017)。本类型在本书中的代表为覆盖案例包含的金华市
义乌市和绍兴市越城区。这也正如陈雪莲和杨雪冬(2009)在地方政
府创新模式分析时指出的,无论是领导发起型、基层发起型还是学习
型都离不开地方官员的主动作为,需要重视地方领导的精英作用,而
其内在机制正是中性而非贬义视角下的政绩驱动(陈家喜和汪永成,
2013)。此外,本类型显示的已有创新基础还回应了胡宁生和戴祥玉
(2016)指出的政府创新自我推进机制较为常见的前摄性问题;也就是
说,已有创新经验为后续的制度创新和变革做好了认知基础与能力
准备。

　　基于上述分析,本书提出如图 5-2 所示的地方政府推动企业社会
责任履行的系统模型。其中,纵轴代表政府外部环境关键要素赋分,
横轴代表政府内部组织条件赋分,圆形的底色代表地方政府官员创新
积极性的高低,组态图形的大小与覆盖案例数相关。

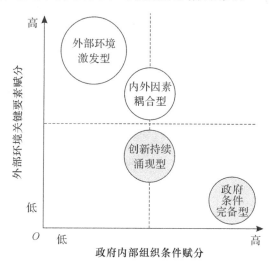

图 5-2　地方政府推动企业社会责任履行的系统模型

注:圆形面积大小与其覆盖特征案例数相关。〇代表官员创新积极性高,〇代表官
员创新积极性低。

(六)研究结论、贡献和不足

1. 研究结论

在"绿水青山就是金山银山"理念的指导下,地方政府推动企业社会责任的实践也伴随着宏观政策的宣贯而逐步推进。然而,学术界对于其发生机制、形成条件的认知仍然不足,不同地区之间的差异性仍未得到有效解析。为此,本书依托公共管理和企业管理两大领域已形成的研究基础,基于组态分析的创新思路,整合政府创新影响因素、企业社会责任驱动机制和利益相关者理论,利用模糊集定性比较分析方法(fsQCA)和来自浙江省的二手数据,探讨了来源于外部环境、组织条件和政府创新动力三个视角的六个影响因素对政府推动企业社会责任履行的联动影响机制,归纳出外部环境激发型、政府条件完备型、内外因素耦合型以及创新持续涌现型四种促发类型,并形成以下观点:一是以往研究关注的外向型经济水平、地区创新能力、政府创新经验、政府工作效率、政府透明度以及官员创新积极性等六个因素对政府推动企业社会责任履行都可能产生实质性影响,但并不存在必然发挥作用的特定条件。二是在政府创新的产生过程中,存在环境倒逼、资源依赖、组织学习和主动作为等多种机制,应更多关注条件要素的组态效应而非单个要素的净效应;也就是说,只要"因地制宜",也可"殊途同归"。三是宏观层面的政策目标能否在基层得以实现,在很大程度上依赖于地方在资源条件、发展环境和动力机制上的组合效应;从现实来看,内部条件全面到位后再衍生政府创新的模式并不常见,外部刺激下的战略响应、"先行先试"的持续探索或者内外耦合下的顺势而为三种情境,具有更大可能。

2. 研究贡献

本书具有三个方面的潜在理论贡献。

第一，尽管已有研究提出了政府对企业履行社会责任的积极作用（Campbell，2007；郝唯真和张华，2012），并着重阐述了政府推动企业社会责任履行的关键举措、实施路径（邓泽宏和何应龙，2010）和政策类型，但对于隐藏在其背后的内在机理还有待进一步解析（胡宁生和戴祥玉，2016）。例如：政府缘何推动企业社会责任履行？该创新行为发生的内在逻辑和条件组合又为何？本书利用较为可靠的定量数据和相对新颖的 fsQCA 对该问题阐释做了实质性推进，揭示了诱发政府推动企业社会责任履行的涌现模式及其发生机制，为制度视角下探索企业社会责任的发生过程做了更深层次的探索，弥补了已有文献的缺口。

第二，从政府创新的视角来看，虽然已有研究指出，地方政府创新常常是组织内外两方面因素共同作用的结果，其动因既存在于客观的制度环境之内，也存在于主观的内在需求之中（吴建南等，2007）；但囿于研究方法，已有文献大多以某一因素为主进行实证探索（陈雪莲和杨雪冬，2009）。本书改变了从单变量的净效应或单一路径进行实证分析的思路，提出了经济条件、制度环境和官员动机协同兼顾的整合性创新发生模式，为李兆友和董健（2014）、陈朋（2016）和 Kern（2011）等提出的多因素联动政府创新机理提供了实证依据，既回应了已有观点，也做了有益补充。

第三，本书基于县（区、市）级地方政府推动企业社会责任的差异化结果开展定量研究，既改变了理论界对政府与企业社会责任关系的分析，将地方政府视为统一模式进行考察的思路，找到了对现实情境进行合理解释的条件构型，也弥补了以往相关研究对市级以下基层实际关注的不足，破解了宏观逻辑和微观实际之间的非同步性，凸显了县级政府工作创新的客观条件和内在规律。本书有助于更好地解析政府创新过程的复杂性，并在一定程度上实现了公共管理和企业管理两大学术圈之间的对话。

3. 管理启示

企业社会责任作为具有局部利益和公共利益双重属性的现代企业战略行为,既需要发挥法律的托底作用和市场化的激励机制,在制度体系不够完善、责任理念有待宣贯的情况下,更要重视政府这只"看得见的手"的作用。为进一步激发地方政府参与企业社会责任履行推进工作的可能性和有效性,既要摒弃只要制定政策,各地即会行动的简单假设,也要防止提出千篇一律的工作节奏,需要精细设计、因地制宜、循序渐进。首先,在制定政府推动企业社会责任履行等创新工作计划时,既要设目标,也要看条件,应该从客观规律出发,研究利益相关者的诱导效应、内外部资源的支撑效应以及政府官员的激励效应,做到分类设计、因势利导。其次,在相关工作的结果评估时,不以指标排名为终点,而要分析其可行性和实际结果之间的差距,重点找出"可为而不为"的负面典型。最后,在先进经验推广过程中,要结合各地区不同的经济结构、治理能力、资源条件,甚至官员特征,以组态化的系统思维分类分批设置标杆示范,从而增强模仿的可操作性。

4. 不足和展望

本书虽在一定程度上弥补了已有研究的缺陷,但仍存在不足:首先,我们只搜集了浙江省的二手数据进行探索分析,虽有一定的代表性,但也可能存在无法兼顾省份差异的问题;其次,尽管已有学者提到了地区内的负面新闻对政府创新的影响,但囿于数据可得性因素,本书未将相关变量纳入分析框架;最后,考虑到研究范式和行文风格,本书未结合更多的案例素材进行更细致的描述分析,可能无法全面解析实际情境的丰富内涵。未来研究可以结合上述问题开展更为深入的探索。

参考文献

[1] Acs Z J，Song K，Szerb L，et al. The evolution of the global digital platform economy：1971—2021 [J]. Small Business Economics，2021(57)：1629-1659.

[2] Adner R. Ecosystem as structure：An actionable construct for strategy[J]. Journal of Management，2017(1)：39-58.

[3] Aghion P，Griffith R. Competition and Growth：Reconciling Theory and Evidence[M]. Cambridge：MIT Press，2005.

[4] Aguilera R V，Rupp D E，Williams C A，et al. Putting the S back in corporate social responsibility：A multilevel theory of social change in organizations [J]. Academy of Management Review，2007(3)：836-863.

[5] Argote L，Miron-Spektor E. Organizational learning：From experience to knowledge[J]. Organization Science，2011 (5)：1123-1137.

[6] Armstrong M. Competition in two-sided markets [J]. The RAND Journal of Economics，2006(3)：668-691.

[7] Artiach T，Lee D，Nelson D，et al. The determinants of

corporate sustainability performance[J]. Accounting & Finance, 2010(1): 31-51.

[8] Astin A W. Assessment for Excellence: The Philosophy and Practice of Assessment and Evaluation in Higher Education[M]. Lanham: Rowman & Littlefield Publishers, 2012.

[9] Ayers S L, Kronenfeld J J. Chronic illness and health-seeking information on the Internet[J]. Health, 2007(3):327-347.

[10] Bagnoli M, Watts S G. Selling to socially responsible consumers: Competition and the private provision of public goods[J]. Journal of Economics & Management Strategy, 2003 (3): 419-445.

[11] Bansal P, Song H C. Similar but not the same: Differentiating corporate sustainability from corporate responsibility [J]. Academy of Management Annals, 2017(1): 105-149.

[12] Barnett M L, Salomon R M. Does it pay to be really good? Addressing the shape of the relationship between social and financial performance[J]. Strategic Management Journal, 2012 (11): 1304-1320.

[13] Basu K, Palazzo G. Corporate social responsibility: A process model of sensemaking[J]. Academy of Management Review, 2008(1): 122-136.

[14] Berends Y, Boersma K, Weggeman M. The structuration of organizational learning [J]. Human Relations, 2003 (9): 1035-1056.

[15] Bhattacharyya S S. Exploring the concept of strategic corporate social responsibility for an integrated perspective [J]. European

Business Review, 2010(1): 82-101.

[16] Birnbaum P H. The choice of strategic alternatives under increasing regulation in high technology companies [J]. Academy of Management Journal, 1984(3): 489-510.

[17] Bo Z. Governing China in the early 21st century: Provincial perspective[J]. Journal of Chinese Political Science, 2002(1): 125-170.

[18] Bontis N, Booker L D, Serenko A. The mediating effect of organizational reputation on customer loyalty and service recommendation in the banking industry [J]. Management Decision, 2007(9): 1426-1445.

[19] Brunk K H, De Boer C. How do consumers reconcile positive and negative CSR-related information to form an ethical brand perception? A mixed method inquiry[J]. Journal of Business Ethics, 2020(2): 443-458.

[20] Burke L, Logsdon J M. How corporate social responsibility pays off [J]. Long Range Planning, 1996(4): 495-502.

[21] Campbell J L. Why would corporations behave in socially responsible ways? An institutional theory of corporate social responsibility[J]. Academy of Management Review, 2007(3): 946-967.

[22] Carroll A B. A three-dimensional conceptual model of corporate performance[J]. Academy of Management Review, 1979(4): 497-505.

[23] Chen M J. Competitor analysis and interfirm rivalry: Toward a theoretical integration[J]. Academy of Management Review,

1996(1): 100-134.

[24] Chiu S C, Sharfman M. Legitimacy, visibility, and the antecedents of corporate social performance: An investigation of the instrumental perspective[J]. Journal of Management, 2011 (6): 1558-1585.

[25] Clark P, Mueller F. Orgainzations and natrons: From universalism to instituticnalism? [J]. British Jaurnal of Mangement, 1996(7):125-139.

[26] Clarkson P M, Li Y, Richardson G D, et al. Does it really pay to be green? Determinants and consequences of proactive environmental strategies[J]. Journal of Accounting and Public Policy, 2011(2): 122-144.

[27] Cohen B, Kietzmann J. Ride on! Mobility business models for the sharing economy[J]. Organization & Environment, 2014 (3): 279-296.

[28] Collingridge D. The Social Control of Technology[M]. New York: St. Martin's Press, 1982.

[29] Corbin J, Strauss A. Basics of Qualitative Research: Techniques and Procedures for Developing Grounded Theory [M]. New York: Sage Publications, 2014.

[30] Corley K, Gioia D. The rankings game: Managing business school reputation[J]. Corporate Reputation Review, 2000(4): 319-333.

[31] Cormier D, Magnan M. Environmental reporting management: Acontinental European perspective[J]. Journal of Accounting and Public Policy, 2003(1): 43-62.

[32] Cotrill M. Corporate social responsibility and the marketplace [J]. Journal of Business Ethics,1990(9):723-729.

[33] Crossan M M, Lane H W, White R E, et al. Organizational learning: Dimensions for a theory [J]. International Journal of Organizational Analysis, 1995(4): 337-360.

[34] Davis K. Can business afford to ignore social responsibilities? [J]. California Management Review, 1960(3): 70-76.

[35] Déniz-Déniz M, García-Falcón J. Determinants of the multinationals' social response. Empirical application to international companies operating in Spain [J]. Journal of Business Ethics, 2002(4):339-370.

[36] Downey H K, Hellriegel D, Slocum Jr J W. Environmental uncertainty: The construct and its application [J]. Administrative Science Quarterly, 1975(20): 613-629.

[37] Edwards C, Spence P R, Gentile C J, et al. How much klout do you have? A test of system generated cues on source credibility [J]. Computers in Human Behavior, 2013(5): A12-A16.

[38] Eisenhardt K M. Building theories from case study research[J]. Academy of Management Review, 1989(4): 532-550.

[39] Eisenhardt K M, Graebner M E. Theory building from cases: Opportunities and challenges [J]. Academy of Management Journal, 2007(1): 25-32.

[40] Elkington J. Partnerships from cannibals with forks: The triple bottom line of 21st-century business[J]. Environmental Quality Management, 1998(1): 37-51.

[41] Epstein M J, Freedman M. Social disclosure and the individual

investor [J]. Accounting, Auditing & Accountability Journal，1994.

[42] Evans D. The antitrust economics of multi-sided platform markets[J]. Yale Journal on Regultion，2003(2)：327-381.

[43] Fiss P C. Building better causal theories：A fuzzy set approach to typologies in organization research [J]. Academy of Management Journal，2011(2)：393-420.

[44] Flammer C. Does corporate social responsibility lead to superior financial performance? A regression discontinuity approach[J]. Management Science，2015(11)：2549-2568.

[45] Freeman R E. Strategic Management：A Stakeholder Approach [M]. Cambridge：Cambridge University Press，2010.

[46] Freeman R E，Wicks A C，Parmar B. Stakeholder theory and "the corporate objective revisited"[J]. Organization Science，2004(3)：364-369.

[47] Galbreath J. Drivers of corporate social responsibility：The role of formal strategic planning and firm culture[J]. British Journal of Management，2010(2)：511-525.

[48] Galbreath J. Drivers of green innovations：The impact of export intensity, women leaders, and absorptive capacity[J]. Journal of Business Ethics，2019(1)：47-61.

[49] Gao Y，Hafsi T. Political dependence, social scrutiny, and corporate philanthropy：Evidence from disaster relief [J]. Business Ethics：A European Review，2017(2)：189-203.

[50] Garud R，Kumaraswamy A，Roberts A，et al. Liminal movement by digital platform-based sharing economy ventures：

The case of Uber Technologies［J］. Strategic Management Journal，2022(3)，447-475.

［51］Gawer A. Platforms, Markets and Innovation ［M］. Northampton：Edward Elgar Publishing，2009.

［52］Gehman J, Glaser V L, Eisenhardt K M, et al. Finding theory-method fit：A comparison of three qualitative approaches to theory building［J］. Journal of Management Inquiry，2018(3)：284-300.

［53］Gioia D A, Corley K G, Hamilton A L. Seeking qualitative rigor in inductive research：Notes on the Gioia methodology［J］. Organizational Research Methods，2013(1)：15-31.

［54］Gioia D A, Schultz M, Corley K G. Organizational identity, image, and adaptive instability［J］. Academy of Management Review，2000(1)：63-81.

［55］Glaser B G, Strauss A L. The Discovery of Grounded Theory：Strategies for Qualitative Research［M］. Chicago：Aldine,1967.

［56］Glaser B G, Strauss A L, Strutzel E. The discovery of grounded theory：Strategies for qualitative research ［J］. Nursing Research，1968(4)：364.

［57］Godfrey P C. The relationship between corporate philanthropy and shareholder wealth：A risk management perspective［J］. Academy of Management Review，2005(4)：777-798.

［58］Greening D W, Johnson R A. Do managers and strategies matter? A study in crisis［J］. Journal of Management Studies，1996(1)：25-51.

［59］Ha L, James E L. Interactivity reexamined：A baseline analysis

of early business web sites[J]. Journal of Broadcasting &
Electronic Media，1998(4):457-474.

[60] Hakanson，L. The firm as an epistemic community: The
knowledge-based view revisited[J]. Industrial and Corporate
Change，2007(19): 1801-1828.

[61] Hess D，Rogovsky N，Dunfee T W. The next wave of corporate
community involvement: Corporate social initiatives [J].
California Management Review，2002(2): 110-125.

[62] Hörisch J，Johnson M P，Schaltegger S. Implementation of
sustainability management and company size: A knowledge-
based view[J]. Business Strategy and the Environment，2015
(8): 765-779.

[63] Hrebiniak L G，Joyce W F. Organizational adaptation:
Strategic choice and environmental determinism [J].
Administrative Science Quarterly，1985: 336-349.

[64] Hughes A. Retailers，knowledges and changing commodity
networks: The case of the cut flower trade[J]. Geoforum，2000
(2): 175-190.

[65] Husted B W，Allen D B. Corporate social strategy in
multinational enterprises: Antecedents and value creation[J].
Journal of Business Ethics，2007(4): 345-361.

[66] Igalens J，Gond J P. Measuring corporate social performance in
France: A critical and empirical analysis of arese data[J].
Journal of Business Ethics，2005(2): 131-148.

[67] Jacobides M G，Cennamo C，Gawer A. Towards a theory of
ecosystems[J]. Strategic Management Journal，2018(8): 2255-

2276.

[68] Jaworski B J, Kohli A K. Market orientation: Antecedents and consequences[J]. Journal of Marketing, 1993(3): 53-70.

[69] Johnson T J , Kaye B K . Webelievability: A path model examining how convenience and reliance predict online credibility[J]. Journalism & Mass Communication Quarterly, 2002(3):619-642.

[70] Jones T M, Harrison J S, Felps W. How applying instrumental stakeholder theory can provide sustainable competitive advantage[J]. Academy of Management Review, 2018(3): 371-391.

[71] Kahn W A, Barton M A, Fisher C M, et al. The geography of strain: Organizational resilience as a function of intergroup relations[J]. Academy of Management Review, 2018 (3): 509-529.

[72] Kern F. Ideas, institutions, and interests: Explaining policy divergence in fostering 'system innovations' towards sustainability[J]. Environment and Planning C: Government and Policy, 2011(6): 1116-1134.

[73] Ketchen Jr D J, Thomas J B, Snow C C. Organizational configurations and performance: A comparison of theoretical approaches[J]. Academy of Management Journal, 1993 (6): 1278-1313.

[74] Kim E, Mc Intosh J C. Strategic organizational responses to environmental chaos[J]. Journal of Managerial Issues, 1999: 344-362.

[75] Kim E, Nam D, Stimpert J L. The applicability of Porter's generic strategies in the digital age: Assumptions, conjectures, and suggestions[J]. Strategic Management Journal, 1999(7): 643-663.

[76] Kim N, Moon J J, Yin H. Environmental pressure and the performance of foreign firms in an emerging economy[J]. Journal of Business Ethics, 2016(3): 475-490.

[77] Kogut B, Zander U. Knowledge of the firm, combinative capabilities, and the replication of technology[J]. Organization Science, 1992(3): 383-397.

[78] Kothari S P, Warner J B. Econometrics of event studies[M]// Eckbo B E. Handbook of Empirical Corporate Finance. Oxford: Elsevier, 2007: 3-36.

[79] Lam M L L. Beyond credibility of doing business in China: Strategies for improving corporate citizenship of foreign multinational enterprises in China[J]. Journal of Business Ethics, 2009(1): 137-146.

[80] Lan W. What one company is doing about today's demands on business [M]//Steiner G A, Changing Business Society Interrelationships. Los Angeles: Graduate School of Managements, UCLA, 1975.

[81] Lange D, Washburn N T. Understanding attributions of corporate social irresponsibility[J]. Academy of Management Review, 2012(2): 300-326.

[82] Li W, Lu X. Institutional interest, ownership type, and environmental capital expenditures: Evidence from the most

polluting Chinese listed firms[J]. Journal of Business Ethics, 2016(3): 459-476.

[83] Liu Y, Feng T, Li S. Stakeholder influences and organization responses: A case study of corporate social responsibility suspension[J]. Management and Organization Review, 2015 (3): 469-491.

[84] Luo X R, Wang D, Zhang J. Whose call to answer: Institutional complexity and firms' CSR reporting[J]. Academy of Management Journal, 2017(1): 321-344.

[85] Mackey A, Mackey T B, Barney J B. Corporate social responsibility and firm performance: Investor preferences and corporate strategies[J]. Academy of Management Review, 2007 (3): 817-835.

[86] Marquis C, Glynn M A, Davis G F. Community isomorphism and corporate social action [J]. Academy of Management Review, 2007(3): 925-945.

[87] Mayer C. Who's responsible for irresponsible business? An assessment [J]. Oxford Review of Economic Policy, 2017(2): 157-175.

[88] McIntyre D P, Srinivasan A. Networks, platforms, and strategy: Emerging views and next steps [J]. Strategic Management Journal, 2017(1): 141-160.

[89] Mendel J M, Korjani M M. Charles Ragin's fuzzy set qualitative comparative analysis (fsQCA) used for linguistic summarizations[J]. Information Sciences, 2012(202): 1-23.

[90] Meyer J W, Rowan B. Institutionalized organizations: Formal

structure as myth and ceremony [J]. American Journal of Sociology, 1977(2): 340-363.

[91] Miller D. Strategy making and structure: Analysis and implications for performance [J]. Academy of Management Journal, 1987(1): 7-32.

[92] Miller D, Friesen P H. Strategy-making and environment: The third link [J]. Strategic Management Journal, 1983 (3): 221-235.

[93] Miller J I, Guthrie D. Corporate social responsibility: Institutional response to labor, legal and shareholder enironments[J]. Academy of Management Proceedings, 2007 (1):1-5.

[94] Min S, Kim N, Lo C. CSR-enhancing factors for business vs public stakeholders: Evidence from Hong Kong[J]. Journal of Asia Business Studies, 2020(3):399-419.

[95] Minor D, Morgan J. CSR as reputation insurance: Primum non nocere[J]. California Management Review, 2011(3): 40-59.

[96] Misangyi V F, Acharya A G. A configurational examination of corporate governance mechanisms[J]. Academy of Managemt Journal, 2014(6): 1681-1705.

[97] Muller A, Kräussl R. Do markets love misery? stock prices and corporate philanthropic disaster response [J]. Academy of Management Proceedings,2008(1): 1-6.

[98] Nelson R R, Winter S G. An Evolutionary Theory of Economic Change[M]. Cambridge: Harvard University Press, 1982.

[99] Ni N, Egri C, Lo C, et al. Patterns of corporate responsibility

practices for high financial performance: Evidence from three Chinese societies[J]. Journal of Business Ethics, 2015(2): 169-183.

[100] Norr A M, Capron D W, Schmidt N B. Medical information seeking: Impact on risk for anxiety psychopathology[J]. Journal of Behavior Therapy and Experimental Psychiatry, 2014(3): 402-407.

[101] Oliver C. Strategic responses to institutional processes[J]. Academy of Management Review, 1991(1): 145-179.

[102] Orlitzky M, Schmidt F L, Rynes S L. Corporate social and financial performance: A meta-analysis[J]. Organization Studies, 2003(3): 403-441.

[103] Ortiz-de-Mandojana N, Bansal P. The long-term benefits of organizational resilience through sustainable business practices [J]. Strategic Management Journal, 2016(8): 1615-1631.

[104] Owusu-Ansah S. The impact of corporate attribites on the extent of mandatory disclosure and reporting by listed companies in Zimbabwe[J]. The International Journal of Accounting, 1998(5): 605-631.

[105] Patten D M. Does the market value corporate philanthropy? Evidence from the response to the 2004 tsunami relief effort [J]. Journal of Business Ethics, 2008(3): 599-607.

[106] Pava M L, Krausz J. The association between corporate social-responsibility and financial performance: The paradox of social cost[J]. Journal of business Ethics, 1996(3): 321-357.

[107] Pinkse J, Gasbarro F. Managing physical impacts of climate

change: An attentional perspective on corporate adaptation [J]. Business & Society, 2019(2): 333-368.

[108] Porter M E, Kramer M R. The link between competitive advantage and corporate social responsibility [J]. Harvard Business Review, 2006(12): 78-92.

[109] Preston L E, O'bannon D P. The corporate social-financial performance relationship: A typology and analysis [J]. Business & Society, 1997(4): 419-429.

[110] Qu R. Effects of government regulations, market orientation and ownership structure on corporate social responsibility in China: An empirical study [J]. International Journal of Management, 2007(3): 582.

[111] Ragin C C. Fuzzy-Set Social Science[M]. Chicago: University of Chicago Press, 2000.

[112] Ragin C C. Redesigning Social Inquiry: Fuzzy Sets and Beyond [M]. Chicago: University of Chicago Press, 2008.

[113] Rhee M, Kim T. Great vessels take a long time to mature: Early success traps and competences in exploitation and exploration[J]. Organization Science, 2015(1): 180-197.

[114] Rihoux B, Kittel B, Moses J W. Political science methodology: Opening windows across Europe and the Atlantic[J]. Political Science and Politics, 2008(1): 255-258.

[115] Rochet J C, Tirole J. Two-sided markets: A progress report [J]. The RAND Journal of Economics, 2006(3): 645-667.

[116] Saeidi S P, Sofian S, Saeidi P, et al. How does corporate social responsibility contribute to firm financial performance?

The mediating role of competitive advantage, reputation, and customer satisfaction[J]. Journal of Business Research, 2015 (2): 341-350.

[117] Scheidler S, Edinger-Schons L M. Partners in crime? The impact of consumers' culpability for corporate social irresponsibility on their boycott attitude [J]. Journal of Business Research, 2020(109): 607-620.

[118] Schneider C Q, Wagemann C. Set-Theoretic Methods for the Social Sciences: A Guide to Qualitative Comparative Analysis [M]. Cambridge: Cambridge University Press, 2012.

[119] See G. Harmonious society and Chinese CSR: Is there really a link? [J]. Journal of Business Ethics, 2009(89): 1-22.

[120] Sethi S P. Dimensions of corporate social performance: An analytical framework [J]. California Management Review, 1975(3): 58-64.

[121] Sharfman M P, Wolf G, Chase R B, et al. Antecedents of organizational slack [J]. Academy of Management Review, 1988(4): 601-614.

[122] Shiu Y M, Yang S L. Does engagement in corporate social responsibility provide strategic insurance-like effects? [J]. Strategic Management Journal, 2017(2): 455-470.

[123] Skaaning S E. Assessing the robustness of crisp-set and fuzzy-set QCA results[J]. Sociological Methods & Research, 2011 (2): 391-408.

[124] Story D, Price T J. Corporate social responsibility and risk management? [J]. Journal of Corporate Citizenship, 2006

(22)：39-51.

[125] Strauss A，Corbin J. Basics of Qualitative Research[M]. New York：Sage Publications，1990.

[126] Suchman M C. Managing legitimacy：Strategic and institutional approaches[J]. Academy of Management Review，1995(3)：571-610.

[127] Sutcliffe H. A report on responsible research and innovation [R]. Brussels：European Commission，2011.

[128] Vallentin S. Governmentalities of CSR：Danish government policy as a reflection of political difference[J]. Journal of Business Ethics，2015(1)：33-47.

[129] Van Alstyne M W，Parker G G，Choudary S P. Pipelines，platforms，and the new rules of strategy[J]. Harvard Business Review，2016(4)：54-62.

[130] Waddock S A，Graves S B. The corporate social performance-financial performance link[J]. Strategic Management Journal，1997(4)：303-319.

[131] Walker R M. Innovation type and diffusion：An empirical analysis of local government[J]. Public Administration，2006(2)：311-335.

[132] Walsh J P，Seward J K. On the efficiency of internal and external corporate control mechanisms [J]. Academy of Management Review，1990(3)：421-458.

[133] Wang L，Juslin H. The impact of Chinese culture on corporate social responsibility：The harmony approach[J]. Journal of Business Ethics，2009(3)：433-451.

[134] Wang R，Wijen F，Heugens P P. Government's green grip：Multifaceted state influence on corporate environmental actions in China［J］. Strategic Management Journal，2018（2）：403-428.

[135] Wood D J. Corporate social performance revisited［J］. Academy of Management Review，1991(4)：691-718.

[136] Xu S，Yang R. Indigenous characteristics of Chinese corporate social responsibility conceptual paradigm［J］. Journal of Business Ethics，2010(2)：321-333.

[137] Zhang R，Rezaee Z，Zhu J. Corporate philanthropic disaster response and ownership type：Evidence from Chinese firms' response to the Sichuan earthquake［J］. Journal of Business Ethics，2010(1)：51-63.

[138] 白长虹.管理学术研究：基于实践，引领实践[J].南开管理评论，2017(6)：1.

[139] 北京商道融绿咨询有限公司. A 股上市公司 ESG 评级分析报告 2020[R/OL]. (2021-06). https://syntaogf. com/products/asesg 2020.

[140] 卞元超,吴利华,白俊红.增长、创新与晋升——来自中国省级地方政府的经验证据[J].科研管理,2019(8)：53-61.

[141] 蔡宁,沈奇泰松,吴结兵.经济理性、社会契约与制度规范：企业慈善动机问题研究综述与扩展[J].浙江大学学报(人文社科版),2009(2)：64-73.

[142] 曹山河.关于创新的哲学研究[M].海口：海南出版社，2005.

[143] 晁罡,林冬萍,王磊,等.平台企业的社会责任行为模式——基于双边市场的案例研究[J].管理案例研究与评论,2017(1)：

70-86.

[144] 陈宏辉,王江艳.企业成长过程中的社会责任认知与行动战略[J].商业经济与管理,2009(1):51-58.

[145] 陈家喜,汪永成.政绩驱动:地方政府创新的动力分析[J].政治学研究,2013(4):50-56.

[146] 陈劲,焦豪.战略管理[M].北京:北京大学出版社,2021.

[147] 陈朋.地方政府创新的影响因素分析——基于中国地方政府创新奖的数据研判[J].中共中央党校学报,2016(4):44-50.

[148] 陈威如,余卓轩.平台战略:正在席卷全球的商业模式革命[M].北京:中信出版社,2013.

[149] 陈维政,吴继红.企业社会绩效评价的利益相关者模式[J].中国工业经济,2002(7):57-63.

[150] 陈向明.质的研究方法与社会科学研究[M].北京:教育科学出版社,2020.

[151] 陈晓萍,沈伟.组织与管理研究的实证方法[M].北京:北京大学出版社,2018.

[152] 陈雪莲,杨雪冬.地方政府创新的驱动模式——地方政府干部视角的考察[J].公共管理学报,2009(3):1-11,121.

[153] 成全,王火秀,骈文景.基于证据推理的医疗健康网站信息质量综合评价研究[J].数字图书馆论坛,2020(4):53-59.

[154] 程贵孙,陈宏民,孙武军.双边市场视角下的平台企业行为研究[J].经济理论与经济管理,2006(9):55-60.

[155] 道格拉斯·M.艾赫克,冉冉.美国地方政府创新的影响因素分析[J].经济社会体制比较,2006(2):12-16.

[156] 邓泽宏,何应龙.企业社会责任运动中的政府作用研究[J].中国行政管理,2010(11):45-48.

[157] 杜运周,贾良定.组态视角与定性比较分析(QCA):管理学研究的一条新道路[J].管理世界,2017(6):155-167.

[158] 杜运周,刘秋辰,程建青.什么样的营商环境生态产生城市高创业活跃度？基于制度组态的分析[J].管理世界,2020(9):141-155.

[159] 范玉仙,张占军.混合所有制股权结构、公司治理效应与企业高质量发展[J].当代经济研究,2021(3):71-81,112.

[160] 方军雄.捐赠,赢得市场掌声吗？[J].经济管理,2009(7):172-176.

[161] 冯佳林,李花倩,孙忠娟.国内外 ESG 信息披露标准比较及其对中国的启示[J].当代经理人,2020(3):57-64.

[162] 冯丽丽,林芳,许家林.产权性质、股权集中度与企业社会责任履行[J].山西财经大学学报,2011(9):100-107.

[163] 冯晓晴,文雯,靳毓.多个大股东与企业社会责任[J].财经论丛,2020(10):64-74.

[164] 冯旭,王凡.组态视角下高技术产业创新效率提升路径研究——一项模糊集定性比较分析[J].科技进步与对策.2021:1-7.

[165] 高翔.政府治理效率:当代中国公共管理研究中的大问题[J].公共管理与政策评论,2020(1):55-62.

[166] 耿曙,庞保庆,钟灵娜.中国地方领导任期与政府行为模式:官员任期的政治经济学[J].经济学(季刊),2016(3):893-916.

[167] 龚丽敏,江诗松,魏江.架构理论与方法回顾及其对战略管理的启示[J].科研管理,2014(5):44-53.

[168] 郭岚,何凡.行业竞争、企业竞争地位与社会责任履行——以中国酒类行业为例[J].现代财经(天津财经大学学报),2016(3):

62-72.

[169] 郝唯真,张华.超越规则的治理:比较视角下的企业社会责任和政府角色[J].公共行政评论,2012(2):120-145,180-181.

[170] 何大安,许一帆.数字经济运行与供给侧结构重塑[J].经济学家,2020(4):57-67.

[171] 胡宁生,戴祥玉.地方政府治理创新自我推进机制:动力、挑战与重塑[J].中国行政管理,2016(2):27-32.

[172] 胡英杰,郝云宏,陈伟.互联网平台企业与传统制造企业社会责任差异研究——基于构建双循环新发展格局背景分析[J].重庆大学学报(社会科学版),2020(8):1-12.

[173] 黄骥.强化互联网平台公平竞争的法治支撑[N].光明日报,2021-11-27(10).

[174] 黄敏学,李小玲,朱华伟.企业被逼捐现象的剖析:是大众无理还是企业无良[J],管理世界,2008(10):115-126.

[175] 吉利,张正勇,毛洪涛.企业社会责任信息质量特征体系构建——基于对信息使用者的问卷调查[J].会计研究,2013(1):50-56,96.

[176] 贾明,向翼,张喆.企业社会责任与组织韧性[J].管理学季刊,2020(3):25-39,163.

[177] 贾兴平,刘益,廖勇海.利益相关者压力、企业社会责任与企业价值[J].管理学报,2016(2):267-274.

[178] 江小娟.高度联通社会中的资源重组与服务业增长[J].经济研究,2017(3):4-17.

[179] 江小涓,黄颖轩.数字时代的市场秩序、市场监管与平台治理[J].经济研究,2021(12):20-41.

[180] 金太军.政府创新能力影响因素分析[J].政治学研究,2008(2):

97-107.

[181] 李海舰,田跃新,李文杰.互联网思维与传统企业再造[J].中国工业经济,2014(10):135-146.

[182] 李敬强,刘凤军.企业慈善捐赠对市场影响的实证研究——以"5·12"地震慈善捐赠为例[J].中国软科学,2010(6):160-166.

[183] 李亮,刘洋,冯永春.管理案例研究:方法与应用[M].北京:北京大学出版社,2020.

[184] 李明,管威.企业社会责任风险与企业绩效的交互跨期影响——基于171家制造业上市公司的分析[J].企业经济,2017(5):27-34.

[185] 李平,杨政银,曹仰锋.再论案例研究方法:理论与范例[M].北京:北京大学出版社,2019.

[186] 李强,冯波.企业会"低调"披露环境信息吗?——竞争压力下企业环保投资与环境信息披露质量关系研究[J].中南财经政法大学学报,2015(4):141-148,160.

[187] 李兆友,董健.国外政府创新过程中的影响因素研究[J].深圳大学学报(人文社会科学版),2014(6):77-84.

[188] 李正,向锐.中国企业社会责任信息披露的内容界定、计量方法和现状研究[J].会计研究,2007(7):3-11.

[189] 梁飞媛,李娇娇.中国企业社会责任风险认识和控制研究[J].商业文化(上半月),2011(4):41-42.

[190] 林斌,饶静.上市公司为什么自愿披露内部控制鉴证报告?基于信号传递理论的实证研究[J].会计研究,2009(2):45-52,93-94.

[191] 刘华,魏娟,巫丽兰.企业社会责任能抑制盈余管理吗?基于强制披露企业社会责任报告准实验[J].中国软科学,2016(4):

95-107.

[192] 刘建红,杨亚娥.西方国家社会责任会计信息披露及其对我国的启示[J].西安财经学院学报,2004(1):65-67.

[193] 刘鹏.以网管网:第三方平台监管的兴起及其逻辑[J].治理研究,2021(5):51-58.

[194] 刘志成,吴能全.中国企业家行为过程研究——来自近代中国企业家的考察[J].管理世界,2012(6):109-123.

[195] 鲁元平,张克中,欧阳洁.土地财政阻碍了区域技术创新吗?基于267个地级市面板数据的实证检验[J].金融研究,2018(5):101-119.

[196] 罗金明.企业社会责任信息披露制度研究[J].经济纵横,2007(11):71-73.

[197] 罗珉,李亮宇.互联网时代的商业模式创新:价值创造视角[J].中国工业经济,2015(1):96-107.

[198] 罗顺均,安雯雯,叶文平.什么样的异地创业更具投资吸引力——基于模糊集定性比较分析(fsQCA)的研究方法[J].南开管理评论,2020(4):166-177.

[199] 骆南峰.企业社会责任测量与评价[M].北京:经济管理出版社,2017.

[200] 马虹,李杰.战略性的企业社会责任投资与市场竞争——基于Hotelling模型的分析框架[J].经济学动态,2014(8):78-89.

[201] 马连福,赵颖.基于投资者关系战略的非财务信息披露指标及实证研究[J].管理科学,2007(4):86-96.

[202] 马亮.电子政务使用如何影响公民信任:政府透明与回应的中介效应[J].公共行政评论,2016(6):44-63,196.

[203] 买生,汪克夷,匡海波.一体化企业社会责任管理体系框架研究

[J].科研管理,2012(7):153-160.

[204] 梅亮,陈劲.责任式创新:源起、归因解析与理论框架[J].管理世界,2015(8):39-57.

[205] 孟庆国.简政放权背景下创新政府职能管理的方法路径[J].国家行政学院学报,2015(4):12-16.

[206] 潘成林.我国上市公司社会责任信息披露制度实证研究[J].税务与经济,2013(2):10-15.

[207] 潘燕萍,何孟臻,乔灵灵.何种能力组态能促进新企业成长? 基于 fsQCA 方法的实证研究[J].管理学季刊,2020(4):115-135,145-146.

[208] 钱翠丽,罗银燕.《企业社会责任:研究综述以及对未来研究的启示》评述[J].管理学季刊,2020(3):16-20,161.

[209] 钱贵明,阳镇,陈劲.平台监管逻辑的反思与重构——兼对包容审慎监管理念的再反思[J].西安交通大学学报(社会科学版),2022(1):131-140.

[210] 钱辉,张雪,张大亮.患者获取网络医疗信息风险的实证研究[J].中华医院管理杂志,2019(6):494-498.

[211] 钱小军,龚洋冉,张佳音.互联网平台企业的社会责任为什么重要[J].清华管理评论,2020(12):76-79.

[212] 曲创,刘重阳.平台竞争一定能提高信息匹配效率吗? 基于中国搜索引擎市场的分析[J].经济研究,2019(8):120-135.

[213] 权小锋,吴世农,尹洪英.企业社会责任与股价崩盘风险:"价值利器"或"自利工具"?[J].经济研究,2015(11):49-64.

[214] 沈红波,谢越,陈峥嵘.企业的环境保护、社会责任及其市场效应——基于紫金矿业环境污染事件的案例研究[J].中国工业经济,2012(1):141-151.

[215] 沈洪涛,黄珍,郭肪汝.告白还是辩白——企业环境表现与环境信息披露关系研究[J].南开管理评论,2014(2):56-63,73.

[216] 沈洪涛,王立彦,万拓.社会责任报告及鉴证能否传递有效信号?——基于企业声誉理论的分析[J].审计研究,2011(4):87-93.

[217] 沈伟伟.算法透明原则的迷思——算法规制理论的批判[J].环球法律评论,2019(6):20-39.

[218] 盛斌,李秉勤,胡博.公司社会责任、跨国企业与东道国政府的作用——来自中国地方案例的证据[J].南开学报(哲学社会科学版),2009(5):115-125.

[219] 石磊,魏玖长,赵定涛.上市公司灾难捐赠行为对股票价格的影响[J].中国科学技术大学学报,2010(6):571-576.

[220] 孙丽,曹锦丹.国外网络健康信息质量评价系统的应用现状及启示[J].医学与社会,2011(7):15-17.

[221] 孙伟,李炜毅.基于COSO ERM框架的企业社会责任风险管理研究[J].中国注册会计师,2012(12):60-63.

[222] 汤晓建.内部控制、制度环境与企业社会责任信息披露质量[J].会计与经济研究,2016(2):85-104.

[223] 汤志强.股权结构与公司价值相关性的研究[D].天津:天津大学,2010.

[224] 唐任伍,唐天伟,李棕.2011年中国省级地方政府效率测度[M].//北京师范大学管理学院.2011中国省级地方政府效率研究报告——新公共管理视野下中国省级地方政府的投入与产出.北京:北京师范大学出版社,2011:37-88.

[225] 田利辉,王可第.社会责任信息披露的"掩饰效应"和上市公司崩盘风险——来自中国股票市场的DID-PSM分析[J].管理世

界,2017(11):146-157.

[226] 万倩雯,卫田,刘杰.弥合社会资本鸿沟:构建企业社会创业家与金字塔底层个体间的合作关系——基于 LZ 农村电商项目的单案例研究[J].管理世界,2019(5):179-196.

[227] 万兴,杨晶.互联网平台选择、纵向一体化与企业绩效[J].中国工业经济,2017(7):156-174.

[228] 汪波,段琪.基于扎根理论的基层医疗卫生机构补偿机制及要素探析[J].大连理工大学学报(社会科学版),2014(2):20-26.

[229] 汪旭晖,王东明.互补还是替代:事前控制与事后救济对平台型电商企业声誉的影响研究[J].南开管理评论,2018(6):67-82.

[230] 汪旭晖,张其林.平台型网络市场中的"柠檬问题"形成机理与治理机制——基于阿里巴巴的案例研究[J].中国软科学,2017(10):31-52.

[231] 王鹤丽,童立,罗银燕.企业社会责任:研究综述以及对未来研究的启示[J].管理学季刊,2020(3):1-15,160.

[232] 王林辉,胡晟明,董直庆.人工智能技术会诱致劳动收入不平等吗——模型推演与分类评估[J].中国工业经济,2020(4):97-115.

[233] 王茂祥,李东.企业社会责任风险管理路径探究[J].经济体制改革,2013(6):97-101.

[234] 王清刚.企业社会责任管理中的风险控制研究——以 BJNY 集团的环境、健康和安全管理为例[J].会计研究,2012(10):54-64,96.

[235] 王英伟.医闹行为的归因模型构建及干预路径选择——基于扎根理论的多案例研究[J].公共行政评论,2018(6):68-8,211.

[236] 王兆仑.互联网医疗信息信任生态问题研究[J].信息资源管理

学报,2020(3):102-109.

[237] 魏江,杨佳铭,杨升曦.清理门户还是共渡难关? 道德合法性威胁与平台企业合法化策略研究[J].浙江大学学报(人文社会科学版),2021(4):60-74.

[238] 吴丹红,杨汉明,周莉.企业社会责任信息披露的制度动因研究[J].统计与决策,2015(22):179-182.

[239] 吴建南,马亮,杨宇谦.中国地方政府创新的动因、特征与绩效——基于"中国地方政府创新奖"的多案例文本分析[J].管理世界,2007(8):43-51,171-172.

[240] 吴健,高力,朱静宁.基于区块链技术的数字版权保护[J].广播电视信息,2016(7):60-62.

[241] 习近平.推动我国生态文明建设迈上新台阶[J].求是,2019(3):4-19.

[242] 习近平在企业家座谈会上的讲话[N].人民日报,2020-07-22(02).

[243] 夏书章.现代行政管理与依法行政[J].政治与法律,1996(6):26-27.

[244] 肖红军.构建负责任的平台算法[J].西安交通大学学报(社会科学版),2022(1):120-130.

[245] 肖红军.平台化履责:企业社会责任实践新范式[J].经济管理,2017(3):193-208.

[246] 肖红军,李平.平台型企业社会责任的生态化治理[J].管理世界,2019(4):120-144,196.

[247] 肖红军,阳镇.平台企业社会责任:逻辑起点与实践范式[J].经济管理,2020(4):37-53.

[248] 肖红军,阳镇.平台型企业社会责任治理:理论分野与研究展望

　　　　　［J］.西安交通大学学报(社会科学版),2020(1):57-68.

［240］肖红军,阳镇,姜倍宁.平台型企业发展:"十三五"回顾与"十四
　　　　　五"展望［J］.中共中央党校(国家行政学院)学报,2020(6):
　　　　　112-123.

［250］谢新洲,石林.国家治理现代化:互联网平台驱动下的新样态与
　　　　　关键问题［J］.新闻与写作,2021(4):5-12.

［251］辛杰.企业生态系统社会责任互动:内涵、治理、内化与实现［J］.
　　　　　经济管理,2015(8):189-199.

［252］熊艳,李常青,魏志华.媒体"轰动效应":传导机制、经济后果与
　　　　　声誉惩戒——基于"霸王事件"的案例研究［J］.管理世界,2011
　　　　　(10):125-140.

［253］徐鹏,张恒,白贵玉.上市公司败德治理行为发生机理研究——
　　　　　基于组态视角的模糊集定性比较分析［J］.管理学季刊,2019
　　　　　(3):72-86,142.

［254］徐智华,解彩霞.算法逻辑下平台从业者权利保护的危机及应
　　　　　对［J］.西安交通大学学报(社会科学版),2022(1):155-162.

［255］颜佳华,周万春.技术进步推动行政发展的作用机理研究［J］.湘
　　　　　潭大学学报(哲学社会科学版),2014(5):14-18.

［256］阳镇.平台型企业社会责任:边界、治理与评价［J］.经济学家,
　　　　　2018(5):79-88.

［257］阳镇,陈劲.数智化时代下企业社会责任的创新与治理［J］.上海
　　　　　财经大学学报,2020(6):33-51.

［258］阳镇,许英杰.企业社会责任治理:成因、模式与机制［J］.南大商
　　　　　学评论,2017(4):145-174.

［259］阳镇,尹西明.平台企业社会责任实践:新情境、新维度与新范
　　　　　式［J］.清华管理评论,2020(12):88-95.

[260] 阳镇,尹西明,陈劲.新冠肺炎疫情背景下平台企业社会责任治理创新[J].管理学报,2020(10):1423-1432.

[261] 杨虎,易丹辉,肖宏伟.基于大数据分析的互联网金融风险预警研究[J].现代管理科学,2014(4):3-5.

[262] 杨雪冬.简论中国地方政府创新研究的十个问题[J].公共管理学报,2008(1):16-26,120.

[263] 易开刚.群体性企业社会责任缺失的深层透视——基于责任博弈失衡的视角[J].经济理论与经济管理,2012(10):82-89.

[264] 尹珏林,胡又心,骆南峰,等.企业社会责任研究:基于中国情境的文献分析与启示[J].管理学季刊,2020(3):40-56,164.

[265] 于晓强,刘善存.治理结构与信息披露违规行为——来自我国A股上市公司的经验证据[J].系统工程,2012(6):43-52.

[266] 俞可平.论政府创新的若干基本问题[J].文史哲,2005(4):138-146.

[267] 郁建兴,黄飚.当代中国地方政府创新的新进展——兼论纵向政府间关系的重构[J].政治学研究,2017(5):88-103,127.

[268] 喻昊.西方国家推行社会责任会计的启示[J].金融与经济,2006(6):64-65.

[269] 袁广达,仲也,王梦媛.市场化碳中和目标实现的会计手段与实施[J].财会月刊,2021(6):67-70.

[270] 袁显平,柯大钢.事件研究方法及其在金融经济研究中的应用[J].统计研究,2006(10):31-35.

[271] 张海心,丁栋虹,杜晶晶.社会责任负面事件对同行业企业是利是弊?基于中国奶业的实证研究[J].中国经济问题,2015(2):38-48.

[272] 张化尧,薛珂,徐敏赛,等.商业孵化型平台生态系统的价值共

创机制:小米案例[J].科研管理,2021(3):71-79.

[273] 张慧玉,尹珏林.企业社会责任前移:小企业和新创企业的社会
角色[J].科学学与科学技术管理,2011(7):130-135.

[274] 张佳良,刘军.本土管理理论探索10年征程评述——来自《管理
学报》2008—2018年438篇论文的文本分析[J].管理学报,
2018(12):1739-1749.

[275] 张剑智,李海英,李桐,等.完善我国上市公司环境信息披露制
度的思考[J].环境保护,2017(20):36-39.

[276] 张明,陈伟宏,蓝海林.中国企业"凭什么"完全并购境外高新技
术企业——基于94个案例的模糊集定性比较分析(fsQCA)
[J].中国工业经济,2019(4):117-135.

[277] 张明,杜运周.组织与管理研究中QCA方法的应用:定位、策略
和方向[J].管理学报,2019(9):1312-1323.

[278] 张明,蓝海林,陈伟宏,等.殊途同归不同效:战略变革前因组态
及其绩效研究[J].管理世界,2020(9):168-186.

[279] 张涛甫.互联网巨头的伦理困境[J].新闻与写作,2017(9):
55-58.

[280] 张鑫,王丹.基于扎根理论的个体医疗健康信息源选择行为影
响因素研究[J].图书情报工作,2018(14):5-13.

[281] 张兆国,靳小翠,李庚秦.低碳经济与制度环境实证研究——来
自我国高能耗行业上市公司的经验证据[J].中国软科学,2013
(3):108-119.

[282] 赵光辉,李玲玲.大数据时代新型交通服务商业模式的监
管——以网约车为例[J].管理世界,2019(6):109-118.

[283] 郑呆娉,徐永新.慈善捐赠、公司治理与股东财富[J].南开管理
评论,2011(2):92-101.

[284] 郑海东. 企业社会责任行为表现:测量维度、影响因素及对企业绩效的影响[D]. 杭州:浙江大学,2007.

[285] 郑庆杰. 解释的断桥:从编码到理论[J]. 社会发展研究,2015(1):149-164.

[286] 中国信息通讯研究院. 互联网平台治理研究报告(2019 年)[R]. 北京:中国信息通信研究院,2019.

[287] 周浩,汤丽荣. 市场竞争能倒逼企业善待员工吗？来自制造业企业的微观证据[J]. 管理世界,2015(11):135-144.

[288] 周黎安. 中国地方官员的晋升锦标赛模式研究[J]. 经济研究,2007(7):36-50.

[289] 周霞. 试论我国地方政府主导企业社会责任运动的困境[J]. 求索,2010(5):94-95,122.

[290] 周翔,罗顺均,苏郁锋. 从产品到平台:企业的平台化之路——探索平台战略的多案例研究[J]. 管理学季刊,2016(3):102-127.

[291] 周新,马丁. 我国低碳经济发展效率提升路径研究——基于模糊集的定性比较分析[J]. 管理现代化,2020(5):78-81.

[292] 周祖城. 论企业伦理责任在企业社会责任中的核心地位[J]. 管理学报,2014(11):1663-1670.

[293] 朱文忠,尚亚博. 我国平台企业社会责任及其治理研究——基于文献分析视角[J]. 管理评论,2020(6):175-183.